U0840922

·品读世界历史　汲取无穷智慧·

# 世界通史

③

李昕　主编

团结出版社

# 拿破仑称帝

“雾月政变”后，拿破仑当上了法国第一执政官，成了法国的统治者。拿破仑生于破落贵族家庭，1779年，拿破仑进入布里埃纳军校学习，成绩突出。15岁进入巴黎陆军学校学习，虽然只有两年，但他却深受法国启蒙思想的影响。

从巴黎陆军学校毕业后，拿破仑当上一名炮兵少尉，1791年晋升为中尉，次年被提升为上尉。1793年，法国保王党人在英国和西班牙的大力支持下，占领了法国南部重镇土伦，共和军久攻不克。拿破仑奉命参加土伦战役，任炮兵指挥，并晋级为上校。依靠拿破仑指挥的炮兵部队，共和军终于攻占了土伦。此役使拿破仑声名大振，不久便被破格提升为准将。1795年，他的炮兵部队在巴黎再建奇功，以5000人之力击溃了

拿破仑翻越阿尔卑斯山　油画

拿破仑加冕仪式

2万多名叛乱分子。之后，拿破仑被任命为法国“国防军”副司令。1796年，他与年轻寡妇约瑟芬结婚。后来，他又被派往意大利和埃及战场作战。1799年，拿破仑从战场上悄然返回法国，发动了“雾月政变”，此后，他一直处在法国权力的顶峰，在他统治的最初5年中，实现了社会的稳定，实现了法国人民克服混乱和巩固大革命成果的愿望，为法国推行资本主义制度奠定了基础。

1800年，拿破仑颁布政法令，大力整治了大革命期间的政治，削弱了地方各级议会的权力，进一步巩固和加强了中央集权，

1801年，他同罗马教皇签订了《教务专约》，宣布天主教是“大多数法国人的宗教”，国家掌管教会的世俗权力，而教皇的职权只能在宗教事务范围内行使。这实际上是在维护革命成果的基础上对天主教进行改造。拿破仑还采取了一些有利于资本主义发展的财政经济措施：组建了法兰西银行；成立了全国工业促进会，为工业提供补贴和机器设备，鼓励采用新技术；在对外贸易上实行保护关税的政策。这些措施出台后，法国外贸总额有了大幅度增长。

拿破仑的统治虽然带有浓厚的专制色彩，但他却非常重视法制建设。1804年4月正式公布实行的《法国民法典》(1807年改名为《拿破仑法典》)就是他本人不断督促和指导的成果。法典综采罗马法、传统法和革命新法编成，1807年和1852年两次被命名为《拿破仑法典》。这部法典确认了资产阶级和农民占有贵族和教会土地财产的合法性，保证不受封建势力的侵犯；否定封建特权，确立了资产阶级自由、平等的原则，规定每个公民具有同等的民事权利和行为能力；法典对于家庭、婚姻、继承等社会生活方面都做了明确规定。这部法典是资本主义国家最早的一部民法法典，破除了封建的立法原则，成为欧美各国资产阶级的立法规范，推动了资本主义的发展。

拿破仑所采取的措施使他受到国内各阶层普遍的欢迎和支持，这种情况反过来又刺激了他权力欲的急剧膨胀。1804年11月6日，

## ·法国共和历·

法国共和历是法国大革命中一度实行的历法。1793年10月5日国民公会决定废止基督教的格里历法（即公历），采用革命历法，即共和历。共和历以法兰西第一共和国建立之日（1792年9月22日）为历元，每年分四季、12个月，每月30天，每10天为一旬，每旬第10日为休息日。12个月之外余下的5天（闰年为6天，包括1796年、1799年、1804年）作为“庆祝日”或“补充日”。

根据10月24日法布尔·戴格朗丁的提议，共和历借用当时一本小册子作者想象的富有诗意的名称，将12个月依次定为葡月、雾月、霜月、雪月、雨月、风月、芽月、花月、牧月、获月（或收月）、热月、果月。附在格里历日期上的圣徒名字则用种子、树木、花卉和水果的名字加以替换。

法国大革命中发生的热月政变、芽月起义、牧月起义、葡月暴动、果月政变、花月政变、雾月政变等事件以及牧月法令、风月法令等，就是按共和历的月份命名的。

1806年元旦开始，拿破仑一世政权恢复格里历法，正式废止了共和历。

公民投票通过《共和十二年宪法》，宣布拿破仑·波拿巴为法兰西皇帝，1804年12月，拿破仑终于如愿以偿，在巴黎圣母院加冕称帝，号称“拿破仑一世”，建立了法兰西第一帝国，即拿破仑帝国。帝国建立后，政体和官制都有所变化。但在基本政策上，拿破仑仍然坚持雾月政府时期的施政方针。在行使权力上，由过去的第一执政官专权演变为皇帝独裁。

# 拿破仑帝国

拿破仑帝国始终伴随着对外战争。战争初期具有保卫法国大革命的胜利成果，反对封建复辟，反对欧洲封建专制势力干涉的性质。但在战争后期，这场战争又逐渐变成了对外侵略、夺取欧洲霸权的战争。

正在查阅地图的拿破仑

拿破仑发动政变后，鉴于国内局势混乱，曾向英、俄、奥三国君主建议停战，但遭到拒绝，他转而采取了卓有成效的外交政策：首先稳住普鲁士的中立地位，接着争取俄国退出反法同盟，然后全力摧毁奥军，最后集中力量打击英国。

1800年6月，拿破仑率领大军击溃驻意大利的奥军，进逼奥地利南部，迫使奥地利于1801年2月同法国签订了《吕内维尔和约》，承认法国对莱茵河左岸地区的占领以及对比利时和意大利北中部地区的占领。法国则同意奥地利继续占有威尼斯。法军战胜奥地利，促成了第二次反法同盟的解体。俄国此后退出了同盟，普鲁士保持中立。而且由于英国在海上实行的封锁政策损害了它们的利益，使它们同瑞典、丹麦共同组成了针对英国的保护商业同盟。

在这种孤立的背景下，英国不得不同法国进行和平谈判，结果于 1802 年 3 月签订了《亚眠和约》。和约规定：英国将近年来夺得的一部分殖民地交给法国及法国的盟国西班牙和荷兰。《亚眠和约》是英国外交上的一次失败，它承认了法国控制荷兰和整个莱茵河左岸。但是，没过多久，英、俄两国便于 1805 年 4 月在圣彼得堡签订同盟条约，奥地利、瑞典和那不勒斯也相继加入。于是，第三次反法同盟建立，欧洲战事再起。同年 10 月，法、西联合舰队在特拉法加海角与纳尔逊率领的英国舰队展开激战，结果法、西联合舰队几乎全军覆灭，这使拿破仑不得不放弃渡海进攻英国本土的计划。但在欧洲大陆战场上，拿破仑的军队却连战连捷。11 月，法军攻占了维也纳。12 月，法军与俄奥联军在奥斯特里茨进

1809 年 7 月 6 日瓦格拉姆之役中的拿破仑。奥军在瓦格拉姆一战中退却，导致法奥于肖恩布鲁恩签订和约，奥地利又一次失去了众多人口及大面积土地，并负担了更多的战争赔款。

## ·《拿破仑法典》·

1804 年拿破仑主持编纂的《法国民法典》，是法国第一部民法法典。拿破仑取得政权后，为了巩固资产阶级的革命成果，维护资产阶级的统治，制定了一系列法典。其中《法国民法典》是其亲自编纂和审定的。1804 年 3 月 21 日该法典正式颁行。法典综采罗马法、传统法和革命新法编成，1807 年和 1852 年两次被命名为《拿破仑法典》。这部法典确认了资产阶级和农民占有贵族和教会土地财产的合法性，保证不受封建势力的侵犯；否定封建特权，确立了资产阶级自由、平等的原则，规定每个公民具有同等的民事权利和行为能力；法典对于家庭、婚姻、继承等社会生活方面都做了明确规定。这部法典是资本主义国家最早的一部民法法典，破除了封建的立法原则，成为欧美各国资产阶级的立法规范，推动了资本主义的发展。

行大决战，俄奥联军受到重创。第三次反法同盟宣告失败。拿破仑迫使奥地利签订《普雷斯堡和约》，给法国大量赔款，并承认巴伐利亚、符腾堡和巴登地区独立。自此，奥地利在德意志原有的势力丧失殆尽，而法兰西第一帝国也成为远超出法国本土的强大帝国。

拿破仑在德意志的扩张和想取得欧洲霸权的图谋，使过去实行中立政策的普鲁士感到受到了严重的威胁。1806 年 9 月，英、俄、普等国组成第四次反法同盟。10 月，拿破仑率军出征，在耶拿战役中给普军主力以毁灭性打击，并攻占了柏林。1807 年 6 月战胜俄军后，沙皇亚历山大一世和普鲁士王威廉一世分别与拿破仑签订了《提尔西特和约》。和约对普鲁士十分苛刻，除保留东普鲁士、波美拉尼亚、勃兰登堡和西里西亚外，普鲁士丧失了其余的大片领土，还要向法国赔款1亿法郎。条约使普鲁士统治的人口从1000万降到493万。《提尔西特和约》的签订，宣告了第四次反法同盟的失败。

但是，它也表明拿破仑对外战争的性质已由保卫领土的自卫战完全演变成争夺欧洲霸权的非正义战争了。

打败了欧洲大陆上的敌手后，拿破仑全力以赴对付英国。1806年11月，拿破仑就已经宣布《大陆封锁令》，禁止大陆各国与英国通商。到了1807年10月，拿破仑在巴黎近郊枫丹白露行宫再次发布敕令，强化大陆封锁政策。

1809年，拿破仑又粉碎了英国与奥地利组成的第五次反法联盟，奥地利被迫与法国签订和约，向法国赔款割地。从1805年开始，拿破仑指挥的军队接连粉碎反法同盟的进攻，粉碎了复辟波旁王朝的阴谋，也从根本上动摇了欧洲大陆的封建秩序，沉重打击了各国的封建专制统治。但是，拿破仑战争也给欧洲各国人民带来了灾难，其侵略性质在战争后期愈发明显。法国每取得一次胜利，都要从战败国索取大量的赔款，并从占领地抢夺大量的金银财宝、艺术品运回法国。同时，法国还将被占领国家和地区变成自己的原料供给地和商品倾销市场，大大影响了被占领国家和地区的经济发展，欧洲各国人民均遭受了巨大的人力和物力损失。

经过几年的战争，法国成为一个拥有130个省、7500万人口的大帝国，并且拥有众多的附庸国和同盟国。拿破仑帝国进入鼎盛时期。

# 滑铁卢之战

圣赫勒拿岛上的拿破仑

拿破仑帝国虽然前后多次打败了反法同盟，但是，它的强盛是表面的，它面临着种种不可调和的矛盾。拿破仑从占领区掠夺大量财富运回法国，实行以战养战的政策，大部分军费和军用物资都从占领区收取，迫使当地居民充当炮灰，这就激化了法国同这些被占领区人民的矛盾。

从1808年起，欧洲被压迫民族掀起了反拿破仑帝国的民族解放运动。西、葡人民顽强的游击战争牵制住拿破仑20万精锐部队。德意志地区和意大利半岛起义活动空前高涨，沉重地打击了拿破仑的统治。

在《提尔西特和约》中蒙受屈辱的普鲁士，通过资本主义性质的改革，国力迅速增强。所有这些反抗运动都是拿破仑无法遏制的。

从另一方面来看，无休止的对外战争也给法国人民带来了深重的灾难。1800 ~ 1813 年，拿破仑征兵达 150 万人，致使田园荒芜，农业凋敝，激起了农民的强烈不满。大陆封锁政策的失败，又使得法国原料缺乏、工厂停产、工人失业、市场萎缩，严重地损害了法国资产阶级的利益。拿破仑在国内的威望日益下降，帝国的统治发生了危机。但是，迷信强权的拿破仑仍然一意孤行，他决定远征与大陆体系作对的俄国，以新的对外征服来巩固自己的统治。

1812 年 9 月，拿破仑大军长驱直入，开进莫斯科，但得到的却是一座空城。

一个月后，他被迫下令撤军。撤退途中，拿破仑军队不断遭到俄国正规军和游击队的袭击，加上饥饿和严寒的威胁，损失惨重。到了退出俄领土时，原有的 70 万大军只剩 5 万余人。侵俄战

从此图可看出滑铁卢战场的概貌，惠灵顿将军队部署在圣让山以南的山脊上，从而堵住通往布鲁塞尔的最后一道防线，防御体系西面以一座乡间别墅为据点，中间以一座农庄为缓冲，东面则以两座农庄为前哨，这样，整个防御体系像三只伸向前的拳头，将拿破仑的进攻割裂开来。

争的失败，是帝国由盛到衰的转折点。

俄沙皇也想彻底歼灭拿破仑，于是1813年2月，俄国与普鲁士结盟，英国、西班牙、葡萄牙、瑞典和奥地利相继也加入到行列中，范围更广的反法第六次联盟结成。面对这样巨大的变局，拿破仑迅速组建新军，做好对反法同盟作战准备。10月19日，拿破仑在莱比锡与反法联军进行了一场大会战，结果拿破仑遭到失败。

1814年3月底，联军攻占了巴黎。几天之后，拿破仑被迫退位，并被囚禁到地中海上的厄尔巴岛。1814年9月，战胜国在维也纳召开会议，讨论欧洲秩序的重建问题。会上列强为了自身的利益发生了分歧。拿破仑得知消息后于1815年3月逃出厄尔巴岛，集结旧部并占领了巴黎。这使整个欧洲震惊，3月25日，因利益分配不均而争吵的联军又站在了一起，宣布成立第七次反法同盟，由英国的惠灵顿公爵任统帅，迅速集大军64.5万人，分头向法军进攻。拿破仑到5月底也召集了28.4万的正规陆军和22.2万人的补助兵力。

拿破仑意识到如果联军几大军团会合一处，后果就不堪设想。他根据比利时联军战线分布过长的情况，决定采取主动进攻、集中优势兵力各个击破。6月12日，拿破仑进至比利时，对驻守在利尼附近的英普联军实施突然袭击，普军大败。17日，拿破仑错误地让军队休息了一天，并决定18日同英军元帅惠灵顿指挥的英荷联军在滑铁卢（布鲁塞尔以南20千米）展开大决战。而惠灵顿指挥的英军早已修了坚固的工事，等待拿破仑。

6月18日，拿破仑指挥军队进攻，滑铁卢战役打响。拿破仑

## ·特拉法加海战·

1804年拿破仑称帝后，为了彻底打败反法联盟，决定跨海作战征服英国。为牵制住强大的英国海军，拿破仑派海军中将维尔纳夫率领的法国和西班牙联合舰队与英国海军决战。1805年10月21日，双方舰队在西班牙特拉法加角外海面相遇。英国海军将领纳尔逊率领的英国舰队有27艘战舰，法、西舰队有32艘战舰，但英国舰队的训练、经验和武器装备都比对手要强得多。纳尔逊一反当时将舰船排成纵队线形列队的战法，把舰队分为两列纵队，以机动战术攻击敌人。英国舰队将法、西舰队拦腰截成两段，然后冲入敌方舰队中，进行一对一的战斗。战斗持续5小时，法西联合舰队遭重创，主帅维尔纳夫被俘，但英军的纳尔逊海军上将也在此战中阵亡。此战导致法国海军大伤元气，拿破仑被迫放弃进攻英国的计划，英国则巩固了海上霸主地位。

拥有270门大炮，但前一天晚上的大雨，使地面泥泞不堪，笨重的大炮只有一小部分进入阵地。11时，法炮兵首先发炮，接着双方对射，对峙到下午1时，拿破仑派兵佯攻英军右翼，以牵制敌人的主要兵力，使中央薄弱后加以主攻。但佯攻效果并不明显，拿破仑只好从中央发起总攻。双方僵持不下时，被击散的普军重新集结，出现在法军身后，拿破仑急命两军团堵截。惠灵顿精神大振，英军的士气猛涨。战至下午6时许，法军已疲惫不堪。8时许，惠灵顿下命反攻，在联军的夹击下，法军支持不住，全面溃败，拿破仑趁乱逃出战场。法军伤亡严重，损失3万余人。6月21日，拿破仑败退巴黎。7月7日，联军攻进巴黎，拿破仑被迫宣布退位，并被流放到南大西洋的圣赫勒拿岛。

# 神圣同盟

英、俄、普、奥四国因反对拿破仑战争的需要而结成同盟。然而，随着战争的结束，同盟各国的团结变得难以维系。俄国沙皇亚历山大一世以“欧洲和平仲裁人”自居，企图充当拿破仑的角色；英国力图维持欧洲均势，既要防止法国东山再起，又要阻挠俄国取代法国；奥地利和普鲁士争夺德意志霸权的斗争进行得十分激烈；而那些被拿破仑征服的欧洲各国大大小小的王室，则分别依附于欧洲列强，都在试图恢复旧日的统治。战胜国在维也纳召开了一次国际会议，并最终形成了维也纳体系。

维也纳会议于1814年10月1日～1815年6月9日在奥地利首都维也纳召开。它是欧洲各国在打败拿破仑后处理战后问题的国际会议，实质上是一次消除法国大革命的影响，恢复封建统治秩序，瓜分拿破仑帝国遗产的

（左起）俄皇亚历山大一世、奥皇法兰西斯一世、普鲁士国王腓特烈三世，他们是维也纳体系的真正操纵者。

神圣同盟实际决策者之一——奥地利首相梅特涅

会议。

维也纳会议争执的焦点是波兰－萨克森问题。波兰夹在大国中间，在历史上曾3次遭到俄、普、奥三国的瓜分，甚至一度从欧洲版图上消失。法国的拿破仑攻占华沙后，在那里成立了华沙大公国。由于之前在瓜分波兰时华沙为普鲁士所得，因此，普鲁士王威廉三世要求占领"原地"。而俄国沙皇亚历山大一世则希望霸占波兰，并且建议由普鲁士占领全部萨克森，作为它失去波兰领土的补偿。与此同时，俄、普与奥地利的矛盾则更加尖锐。由于俄国和普鲁士将其他国家尤其是奥地利撇在一边而单独商讨波兰问题，奥地利极为不悦。奥地利首相梅特涅不愿看到北方的普鲁士强大起来，从而影响奥地利在德意志诸王国中的领导地位。同时，梅特涅对俄国也有所顾忌。因为俄国一向标榜自己是斯拉夫民族的天然朋友，一旦俄国势力得到扩张，奥地利境内的民族问题必然激化。英国的既定政策是维持欧陆均势，因此，在俄国咄咄逼人的气势下，英国决定支持奥地利。而以特殊身份参加会议的法国也发挥了一些作用，法国权衡利弊后，站到了英、奥一边。1815年1月，英、奥、法三国签订了秘密同盟条约，规定三国如遇他国进攻，则互相援助。

英、奥、法三国的强硬立场，使俄、普做出了妥协，于是双方达成协议：普鲁士占领但泽与波兹南；奥地利占领加里西亚；其余部分组成波兰王国，并由亚历山大一世兼任波兰国王。萨克森王国保留一部分领土，其余的五分之二领土割让给普鲁士；另外，将莱茵河左岸和威斯特发里亚王国划归普鲁士作为“补偿”。

波兰－萨克森问题解决后，列强便着手制定会议的总决议。但是，这时突然传来拿破仑回巴黎重登帝位的消息，各国首脑惊恐万分，紧急组织起第七次反法同盟。

拿破仑“百日政权”倒台后，1815年11月，战胜国与法国又一次签订了《巴黎和约》。根据和约，法国割让了萨尔路易、菲利普维尔和萨尔布鲁根等地；东北部17个城镇和要塞由盟军占领

### ·神圣同盟·

拿破仑帝国崩溃后，1815年以俄国沙皇为首的欧洲君主在巴黎组成的反动同盟。根据沙皇亚历山大一世的倡议，1815年9月，俄、奥、普三国君主在巴黎共同发表神圣同盟宣言，声称为维护基督教、和平与正义而互相支援。其目的是维护维也纳所建立的封建统治秩序，镇压革命运动和民族独立运动。主要决策者是沙皇亚历山大一世与奥国首相梅特涅，沙俄成了欧洲的国际宪兵和反动势力的堡垒。1815年底，除英国、教皇和土耳其外，所有欧洲国家都加入该同盟。英国表示同意宣言原则。神圣同盟曾于1820～1821年间镇压意大利的革命运动，于1823年武装干涉西班牙革命，并企图干涉拉丁美洲的独立运动。由于内部利害冲突以及在各国民族革命运动的打击下，1830年法国七月革命和比利时八月革命后同盟实际上已经瓦解。

维也纳会议现场，所有的决议都由战胜国做出。

3～5年；法国赔款7亿法郎。

维也纳会议的决议和第二次《巴黎和约》，造成了欧洲范围内封建势力复辟的局面。俄国获得了芬兰，由俄皇兼任波兰王国国王，克拉科夫则成为俄、普、奥共同保护下的一个共和国；奥属尼德兰合并于荷兰建立尼德兰王国；德意志的39个邦和4个自由市组成德意志联邦；瑞士联邦重新恢复并中立。英国则获得荷兰的好望角、锡兰殖民地以及法属殖民地马耳他岛等地。为了维护已确立的体系，防止再度爆发革命，俄、普、奥三国君主签署条约，建立了带有反动宗教色彩的“神圣同盟”。

经过维也纳会议和其后欧洲政治力量的整合，欧洲在历史上第一次真正被包括在一个共同的条约体系内。直到19世纪中叶，列强之间都没有发生过大的战争，这说明维也纳体系在整体上使欧洲出现了一个比较稳定的局面。

# 英国古典政治经济学

英国是欧洲资本主义制度产生和发展最早的国家之一，在 18 世纪上半叶，英国已经成为资本主义世界的霸主，在国际上，不管在政治还是在经济方面都领先于其他各国。亚当·斯密生活的时代，英国工场手工业仍然是资本主义生产的主要形式，但这个时期手工技术向机器生产过渡的趋势已经日益明显，资本原始积累已经完成。然而由于封建势力仍然在政治上占据主要地位，封建经济也大量存在，严重阻碍了资本主义经济的进一步发展，于是资本主义需要一种反对国家干预、宣扬自由主义经济的理论。

英国古典政治经济学就产生于这一背景之下，它代表了新兴资产阶级的利益和要求，是一种具有一定科学价值的经济理论，是资产阶级政治经济学中最为进步的一个学派。它产生于 17 世纪中叶资产阶级革命时期，19 世纪中叶臻于完善。英国古典政治经济学在经济领域中大力宣传资本主义生产方式的优越性，批判封建生产方式的落后性。

英国古典政治经济学的创始人是威廉·配第（1623 ~ 1687 年），发展者是亚当·斯密（1723 ~ 1790 年），完成者是大卫·李嘉图（1772 ~ 1823 年）。他们在分析资本主义生产关系的基础上，试图说明经济现象的内在联系，他们的主要贡献是奠定了劳动价值论的基础。

18 世纪的英国一家纺织厂，女工们正在夜以继日地工作。

英国古典政治经济学家指出，劳动是价值的唯一源泉，商品的价值是由生产商品消耗的劳动量决定的；他们区分了商品的使用价值和交换价值、具体劳动和一般劳动。指出了创造价值的是一般劳动，而不是具体劳动。一般劳动所创造的价值用劳动时间来计量；他们看到了直接劳动与物化劳动，认为只有直接劳动才能创造价值，物化劳动是价值的转移等。

此外，他们还指出了地主阶级、资产阶级和工人阶级是英国社会的三大基本阶级，揭示了他们之间存在经济上的对立，对社会各阶级的经济对立有清醒的认识。

但是，英国古典政治经济学家主要是研究资本主义制度下物与物的关系，并没有进一步揭示出隐藏在商品生产和商品交换中的人与人的关系；在揭示物与物的关系时，在理论上也有许多矛盾和错误之处。

英国古典政治经济学家提出的劳动价值论，是一种具有一定科学成分的经济理论，它也是马克思主义政治经济学的重要思想来源之一。

# 空想社会主义学说

19 世纪空想社会主义学说的主要代表人物有：法国的圣西门、傅立叶和英国的欧文。圣西门出生在一个贵族家庭。幼时因达兰贝尔做他的老师而受唯物主义思想的影响。19 岁时他参加了北美独立战争，受到资产阶级革命的洗礼。1789 年法国大革命爆发，他在家乡参加革命活动，宣传自由思想。后来离开革命，由资产阶级民主主义向社会主义转变，致力于建立未来社会。1802 年在《一个日内瓦居民给当代人的信》中，他设想出美好社会制度。他的伟大功绩在于尖锐地抨击了资本主义制度，力图论证一种平等

**圣西门**
在政治上，他批判资本主义制度；在哲学上，坚持唯物主义立场。他的主要著作有《人类科学概论》《关于社会组织的理论》《论实业制度》和《新基督教》等。圣西门的著作为科学社会主义提供了有益的思想材料。

**欧文**
主要著作有《新社会观》《新道德世界书》等。欧文促进了英国工会运动的发展，他的学说启发了工人觉悟，并影响了后来社会主义思想的发展。

19 世纪前叶法国工人阶级有了很大的发展

反映 19 世纪中叶法国铁路工业发展兴盛的绘画

幸福的新社会取代资本主义社会的历史必然性。他指出资本主义社会是一个“黑白颠倒的世界”，弊病丛生。圣西门批评资本主义制度使人们道德沦丧、精神低下，整个社会充斥着冷酷的利己主义。他断言，资产阶级革命后建立的资本主义制度是不合理的，它的存在仅仅是历史的暂时现象，是达到真正普遍幸福的新社会的一个过渡阶段。但他把希望寄托在国王和大人物身上，反对暴力革命和阶级斗争，其学说也成为空想。

傅立叶于 1772 年 4 月 7 日生于一个富商家庭。他自学成才。20 岁时，继承其父遗产经营商业。后因参加起义被捕，对革命失去热情，影响了他以后的思想。19 世纪初，他发表了一系列著作，揭露了资本主义制度的罪恶，主张以他设计的“和谐制度”来代替资本主义制度。他理想的“和谐社会”名称叫“法朗吉”。他以经济发展的水平为标准，把到目前为止的人类历史划分为五个阶段：原始社会、蒙昧社会、宗法社会、野蛮社会和文明社会。他指出，每个社会阶段都有着它自身的经济特征：小工业是宗法社会的特征；中等工业是野蛮社会的特征；大工业是文明社会的特征等。他断言，历史是有规律地由低级向高级发展的，低级社会必然被高级社会所代替。这些思想带有宝贵的唯物主义的辩证法因素。

傅立叶思想体系中最精彩和最有价值的部分是他对资本主义制度的深刻而辛辣的批判。他把资本主义制度称为文明制度的衰落阶段，认为它是人类经历的最丑恶的制度，是一个“社会地狱”。傅立叶对资本主义制度的批判，都是为了论证文明社会必然为他所设想的和谐社会所代替。他宣称，使人类进入和谐社会是历史赋予他的使命。

欧文生于一个手工业者家庭，10 岁辍学当学徒，19 岁成为一家纱厂经理，1800 年以后管理一个大纺纱企业。1817 年，提出组织“合作村”安置失业者的方案，后把“方案”发展成一套完整的合作社会主义思想体系。他成为欧洲有名的慈善家。他在《致拉纳克郡的报告》中系统地阐述了通过组织劳动公社改造社会的计划，形成了欧文的空想社会主义体系。1824 年，欧文到美国印第安纳州创办了共产主义移民区——“新和谐村”。在那里实行生产工具和财产公有、按劳动分配产品、共同参加劳动、人人平等、民主管理等原则。他计划用两年或两年半的时间转入完全的共产主义，实行按需分配。但是，这些公社很快就在资本主义关系的冲击下失败了。

挫折和失败并没有动摇他的坚强意志。1829 年，他回到英国后，创办全国劳动产品交易市场，以劳动小时值为价值尺度，实现产品交换，但也没有成功。他还积极倡导合作社运动，被人称为“合作社之父”。为了全人类的幸福，欧文不屈不挠地奋斗了一生，始终不渝地坚持宣传和实践他的社会主义计划和主张。圣西门、傅立叶和欧文的空想社会主义学说，反映了早期无产阶级要求对社会进行普遍改造的良好愿望，是一种同资产阶级思想体系相对立的思想体系。他们对资本主义所进行的某种猜测和描绘、设计规划的社会主义和共产主义社会的一些基本原则为马克思、恩格斯创立科学共产主义理论提供了宝贵的思想材料。他们的思想和学说，是科学共产主义的思想来源之一。

### ·托马斯·莫尔·

托马斯·莫尔于1478年2月7日出生于英国伦敦一个富裕的家庭。1492年，莫尔进入牛津大学攻读古典文学。他在这里广泛阅读了很多古希腊哲学家和当代人文主义者的作品，其中柏拉图的思想对莫尔产生了巨大的影响，使他成了一个人文主义者。后来莫尔转学法律，成为一名正直的律师，获得了很高威望并当选为议员。此后，莫尔步步高升，被封为爵士，担任过下院议长、英国大法官，成为仅次于英国国王的重要人物。后来由于莫尔反对英国国王亨利八世成为英国宗教领袖而被处死。莫尔所处的时代，英国王室贪得无厌；官员贪污腐败成风；贵族和大商人勾结政府，欺压百姓。当时贵族和大商人为了养羊获取高额利润，将成千上万的农民赶走，霸占他们的土地。莫尔对社会现状极为不满，于是就写了《乌托邦》一书来讽刺黑暗的现实并寄托自己的理想。《乌托邦》是世界上第一部空想社会主义名著，影响了后来的傅立叶、圣西门和欧文等空想社会主义者。空想社会主义也是马克思的科学社会主义的理论来源之一。

# 第一次工业革命

工业革命又叫“产业革命”，是资本主义生产从工场手工业阶段过渡到大机器工业阶段的重大飞跃，是世界近代史上继资产阶级政治革命之后又一次世界性的革命。

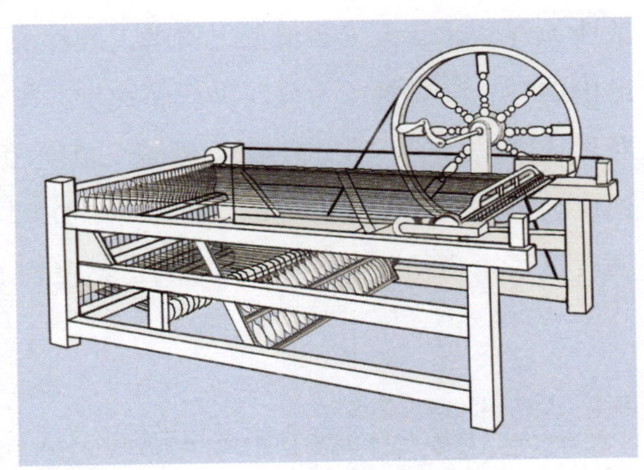
珍妮精纺机

17 ~ 18 世纪，英、法、美等国资产阶级革命的胜利，为生产力的进一步发展扫清了道路。资本主义工场手工业的发展和科学技术的进步，为生产向机器大工业过渡准备了条件。随着市场的不断扩大，以手工技术为基础的工场手工业再也不能满足市场的需要。在这种情况下，资产阶级为了追求利润，不断进行技术革新，促使了工业革命的发生。

工业革命首先开始于 18 世纪 60 年代的英国，完成于 19 世纪 40 年代。这一过程是从棉纺织业开始的。这是因为：首先，棉纺织业是新兴的生产部门，投资少、利润高、资金周转期短。其次，棉纺织业与历史悠久的毛纺织业相比，很少受旧传统、旧习惯的束缚。该行业没有行业组织，也不受行规的限制，采用新技术比较容易。当时棉纺织业比较集中，比如兰开夏的棉纺织业，由于气候、温度和湿度都非常适合棉纺织工业，这里的棉织业发展尤为显著。

1733 年，兰开夏的机械工凯伊发明了飞梭，将原来的掷梭子改为拉绳子，使梭子在滑槽上滑动，既解决了过去不能织较宽织品的问题，又节省了力气，加快了速度，工作效率大大提高，织布的速度提高了一倍。但是，“纱荒”也随之出现，改进纺纱技术便成为棉纺织业发展的关键。1779 年，纺纱工人塞缪尔·克隆普顿改造了水力纺织机，因该机兼有珍妮机和水力纺纱机的优点，

**英国“火箭”号机车复制品**

1829 年，为了挑选从利物浦到曼彻斯特的铁路线最好的机车，人们举行了一次比赛—雷恩希尔选拔赛。“火箭”号主要是由工程师罗伯特斯蒂芬森制造的。同年，英国人制造的“斯托尔布里雄师”号，成为在美国铁轨上运行的第一台机车。

像骡子一样兼有马和驴的优点，于是人们将其命名为“骡机”。用这种机器纺出来的纱质量有显著提高。

纺织机器的发明和使用又使动力成为急需解决的问题。以前的水力动力机在很大程度上受地理条件和季节的限制。于是，发明一种打破这些限制、适应性更强的动力机成为工业发展最为紧迫的要求。

早在 1698 年托马斯·萨里夫就发明了蒸汽机筒，用于矿山抽水。1705 年，纽科门对该设备进行更新改造，制成第一台大气压力蒸汽机，利用蒸汽冷却时产生部分真空形成的大气压力作为动能。

但该机器不适于作为动力机器普遍安装使用。哥拉斯堡大学的仪器修理工瓦特善于钻研，具有较高的科学素养，他改进的纽科门蒸汽机，比原纽科门蒸汽机耗煤少，且功效提高了三倍。

此后他又发明了能普遍使用的高效动力机——复式蒸汽机，因其适用广，被称为“万能蒸汽机”。

1785 年，万能蒸汽机开始用于棉纺织业。瓦特蒸汽机不再受地理、季节条件的限制，只要有煤作燃料就可以开动，而英国煤的蕴藏量非常丰富，建厂十分方便。因此，该机很快在全国广泛应用于纺织业、冶金业、面粉加工业，大工厂在英国各地纷纷建立起来。

蒸汽机作为工业革命的象征，标志着人类社会生产进入了一个机械化时代。为了突出蒸汽机的重要作用，有人将这个时代形象地称为“蒸汽时代”。

机器的大量制造，也使对金属原料的需求量增加。蒸汽机的发明和使用，推动了冶铁和采煤工业的发展。冶铁业是英国古老的工业部门之一。过去一直用木炭做燃料，因而森林资源日趋枯竭。从17世纪中期起，冶铁业衰落，铁产量下降，英国不得不从外国大量进口生铁。1735年，德尔贝父子发明用焦煤炼铁。1760

### ·瓦特与蒸汽机·

詹姆士·瓦特1736年生于苏格兰，从小就迷恋机械制造，中学毕业后去伦敦学习制造机械的手艺，然后回到家乡的格拉斯哥大学谋了一份仪器修理师的差使。1764年的一天，格拉斯哥大学的一台纽科门蒸汽机模型送到瓦特这里要求修理。瓦特发现该蒸汽机的汽缸和冷凝器没有分开，造成了热能的极大浪费，便租了一间实验室，开始改造纽科门蒸汽机的试验。经过多次实验，瓦特最终完成了一台具有实用价值的单作用式蒸汽机。瓦特没有就此罢手，而是继续进行实验，用行星齿轮结构把往复运动变成了圆周运动，在1781年获得了双作用式蒸汽机的专利权。他再接再厉，用飞轮解决了转动的稳定性问题。瓦特不间断的努力，将行星齿轮结构改装为曲柄连杆结构，从而使蒸汽机达到了完善的地步。1781年，瓦特提出了5种将往复运动转变成旋转运动的方法，1782年，瓦特获得了“双动作蒸汽机的专利”；1784年，他在新专利中又提出了“平连杆结构”的说法，这使蒸汽机有了更广泛的实用性；1788年，他又发明了离心调速器和节气阀；1790年，他完成了汽缸示功器的发明。至此，瓦特完成了蒸汽机的发明全过程。蒸汽机的发明，使工业革命迅速展开，瓦特为人类进步事业做出了不可磨灭的贡献。国际单位制中以“瓦特”作为功率单位就是为了纪念这位发明家。

年加装鼓风设备以后，这项技术被广泛采用，有力地促进了冶铁业的发展。1784 年，工程师科尔特发明“搅炼法”和冶钢的辗轧精炼法，采用这种方法，既降低了成本，又大大提高了冶炼的效率和质量，使生铁产量在同一时间内增加 14 倍。采煤和冶铁技术的迅速提高，为其他工业部门的发展提供了条件。

蒸汽机的推广和各生产部门实现机械化，对机器制造业本身提出了技术改革的迫切要求。18 世纪末，英国开始使用汽锤和简单的车床制造金属部件。

后来，先后发明了各种锻压设备和钻床、刨床、镗床等工作母机，实现了用机器生产机器。到 19 世纪 40 年代，英国工场手工业被大机器生产所取代，用机器生产机器的机器制造业也建立、发展起来，至此，工业革命基本完成。英国成为世界上第一个工业国家。

纺织机械化大大加快了纺织速度，上图中顶端轴承带动传动带，驱动织布机工作。织布机最初由水轮机驱动轴承转动，1785 年之后，则由蒸汽机逐步替代，为轴承提供动力。

19世纪，工业革命逐渐从英国延伸到欧洲大陆及世界其他地区。继英国之后，主要资本主义国家法国、美国、德国、俄国以及日本，也先后在19世纪中后期完成工业革命。资本主义经济飞速发展，自由资本主义兴起。

工业革命不仅是一场技术革命，也是一次深刻的社会变革，它对整个人类历史产生了重大的影响。

第一，工业革命促进了社会生产力的惊人发展，商品经济最终取代了自然经济，手工工场逐渐被以大机器生产为特点的工厂取代。资本主义生产制度取得了统治地位。

第二，工业革命极大地提高了劳动生产率，为巩固资产阶级革命成果奠定了雄厚的物质基础，保证了资本主义完全战胜封建主义。资本主义方式扩展到世界各地，资本主义制度在全球范围内得以确立。

第三，随着工厂制度的建立，资本主义雇佣劳动制度普遍确立起来。社会阶级关系发生深刻变化，工业资产阶级和工业无产阶级最终形成，而两大阶级的对立和斗争逐渐明显和尖锐。

第四，欧美资本主义国家为了扩大海外殖民掠夺和销售市场，大规模从事交通运输建设，致力于远洋运输网的开拓。全球性的交通网络逐渐形成，资本主义世界市场开始形成。

第五，工业革命使更多的亚、非、拉国家沦为殖民地、半殖民地和附属国，造成了这些地区的长期落后，形成了东方从属于西方的局面。欧美资本主义列强加紧对亚、非、拉国家进行殖民掠夺的同时，也把先进的生产方式和工业技术带到这些地区，使其卷入了工业文明的潮流之中。

# 英国建立工厂制度

机器的广泛应用、工厂制度的逐步建立使英国社会的阶级结构发生了变化。大工业出现和发展的过程中，农民作为一个阶级被消灭了。手工业者在大工业的冲击下纷纷破产，不得不加入到工人阶级队伍中来。资本主义社会中两大对立的阶级——工业资产阶级和工业无产阶级形成了。至工业革命完成时，英国已基本形成土地贵族、资产阶级、无产阶级3个基本阶级。

这两幅版画描绘了工业家威廉·马歇尔所建的一所亚麻工厂的内部景观及可用来采光的圆锥形天窗（左图）。

这是约瑟夫·纳什的石版画。它展示了1851年世界博览会上英国展出的各种机器。

随着工厂制度的出现，不仅出现了工业资产阶级，更重要的是出现了工业无产阶级，那些因圈地运动而被迫与土地分离、不得不外出谋生的农村大批无产者是其最主要的来源，童工和失业破产的手工业工人也是其中重要的组成部分。工业无产阶级与手工工场时代的工场手工业工人不同。手工工场的工人大多与农村保持着较密切的联系，或拥有简单的生产工具，或租种小块土地，在工场劳动之余还可以进行耕种，以维持一般的生活，没有完全摆脱小生产劳动者的地位。而工业无产阶级则一无所有，完全成为被资本家雇佣的奴隶，被紧紧地束缚在机器上，集中到工厂里，在统一的管理下进行生产劳动。

工厂制度下形成的工业资产阶级与工业无产阶级间的生产关

系是一种全新的劳资关系，这一关系的特征是劳动者向工厂主出卖劳动力、领取工资，劳动力变成了商品。劳动者在劳动中创造的价值远远超过了本人所得的工资，这部分被资本家剥削的利润就是剩余价值。这种不合理的占有关系必然引起二者之间的对立。因此，工业资产阶级与工业无产阶级两大阶级的对立成为资本主义社会的基本矛盾。

由于资本家盲目和贪婪地追求利润，不断扩大生产，资本主义的固有矛盾，即生产的社会化和生产资料私人占有制之间的矛盾日益激化，从而导致了经济危机的发生。19 世纪早期，在英国工业革命即将完成的 1825 年，英国发生了第一次经济危机。危机期间，商品积压，工厂倒闭，工人失业，社会骚乱。以后大约每 10 年出现一次，而且一次比一次持续的时间长、损失大。它伴随着资本主义工业化的进程出现，成为资本主义工业化的一个特征。

工业革命使大量劳动力从农村涌向城市，开始了城市化进程，这是工业革命的又一社会后果。首先，它使人们的生活方式发生了巨大改变。由于从产品的制作、房屋的建筑到面包的烘烤、衣服的缝制都使用了机器，劳动者整日忙碌于机器周围，迫使他们随着机器的转动而加快生活节奏，成为机器的附庸。机器生产使工业与农业进一步分离，劳动分工更加明确，这又引起了一次人类历史上的消费变革。人们所需要的一切物品都依赖于商品市场，于是商品流通的范围更广、速度更快。工业革命把大批劳动力从狭小天地中解放出来，于是人们的视野大大开阔，人们的观念和习俗也随之发生了变化。随着工业革命中新发明的不断涌现、新领域的不断开辟，人们的思维空间也逐步开阔，其思想的共同特点是：重视人类自身的能力，极力追求财富的不断增值。工业革命的发展使这些思想逐渐变成资本主义社会的统治思想，它促使人们用新的眼光认识历史、解释现实和展望未来，同时，也不择手段地追求更多的财富、更舒适的生活。

### ·火车与铁路的出现·

到 1850 年，火车与铁路的出现使工业革命又提升到一个新的高度。英国在 1825 年建成了世界上的第一条铁路。这段铁路起自斯托克顿的达拉姆煤田，到达滨海的达林顿城。在此之前，人们常用马拉煤车，主要用于短途运输。

英国人乔治·史蒂芬逊发明了世界上第一台蒸汽机车。他没有进过正规学校学习，17 岁时才开始自学读书作文。英国的第一条铁路就是在他的提议下建造的。用蒸汽机作动力的火车每小时可行走 15 英里。

铁路应运而生，对于资本家来说，往它身上投资是一本万利的，必须抢得先机。一些资本家开始经营铁路建造与运营业务。英国最著名的铁路商托马斯，在全球范围修建铁路。无论在美洲还是在欧洲，都有他的“杰作”诞生。

兴建铁路需要大量的劳动力，这就提供了宽阔的就业空间，英国的“挖土工”由底层百姓或乡村农民充任。他们的工作任务是为火车的运行提供更平坦的路基。他们四海为家，到处漂泊。在还没有高效的掘土机械问世时，挖土工是首选的低价劳动力。他们逢河架桥梁，逢山开隧道，其工程量浩大得惊人。而到了 19 世纪，开山机械的发明和运用，则令挖土工失去了生存空间。

# 万国博览会

1851 年，在伦敦举行的首届万国博览会是一个全面展示世界各领域成果的博览会，实际上，博览会侧重展示科学与技术成果，而一半以上的展品来自英国本土以及英殖民地帝国。

一家生产用于硬币冲压的德国冲压机厂商在伦敦万国博览会期间发行的金属币，用作博览会的纪念品。

1843 年，维多利亚女王的丈夫阿尔伯特亲王(1819 ~ 1861 年)担任皇家艺术科学院主席。6 年后，他产生了举办一场博览会以展示所有国家的工业产品的想法。当时正处于工业革命末期，制造工业仍主要集中在曾被称为世界工厂的英国。维多利亚女王(1819 ~ 1901 年)第一个出面为该计划筹集资金，随后，各大工业厂商也纷纷解囊，于是很快便筹集了 8 万英镑用于建设博览会相关设施。

英国建筑工程及设计师约瑟夫·帕克斯顿(1801 ~ 1865 年)接受委托，在海德公园设计建造大型建筑以供博览会使用。为了展示当时的科技水平，帕克斯顿全部使用预制铁部件以及玻璃建造该建筑，该建筑因此得名水晶宫。帕克斯顿是农夫的儿子，他最初只是一名普通的园丁，后转而设计温室与花房。他所设计的水晶宫可以配得上“宏伟”一词，它长563米，宽124米，高30.5米，由3000根铁柱、2000根横梁与8.4万平方米的玻璃组成——足以覆盖17个标准足球场。此后，欧洲许多主要火车站的设计均受到了该建筑设计风格的影响。

博览会共有约1.4万个参展商，展出的制成品达10万余件，几乎包括当时所有的工业产品，大到印刷机、铁路机车、水压机，小到餐具、珠宝。其中共有560件展品来自美国，包括塞勒斯·麦考米克(1809 ~ 1884年)的收割机、萨缪尔·柯尔特(1814 ~ 1862年)的左轮手枪等。另外，嚼烟也作为美洲的代表性产品参展。同时法国也提供了1 700件展品。博览会共持续了23周，接待了超过600万名观众(大多数乘坐列车前来)，当然万国博览会也为举办方获得了高额利润。

1851年的万国博览会是19世纪首次举办的首次国际性博览会之一，欧洲以及北美的一些城市，如维也纳、巴黎、纽约、芝加哥等也举办了各种博览会，其中规模最为庞大的便是1893年5月1日 ~ 10月30日在芝加哥举行的万国博览会。该博览会期间恰逢哥伦布发现美洲400周年纪念日，因此芝加哥博览会也叫世界哥伦布博览会。来自美国东海岸的建筑工程师们在博览会开始3年前便着手设计图纸，最终为博览会建造了150座展馆，因为所有的建筑正面均使用白色，所以又被称为“白城”。它们同被称为荣誉法庭的主展馆一起，沿着密歇根湖附近的一个人造环礁湖建造，并且主厅直通湖泊的道路两旁整齐地树立着两排高大的石柱。芝加哥万国博览会整齐划一的建

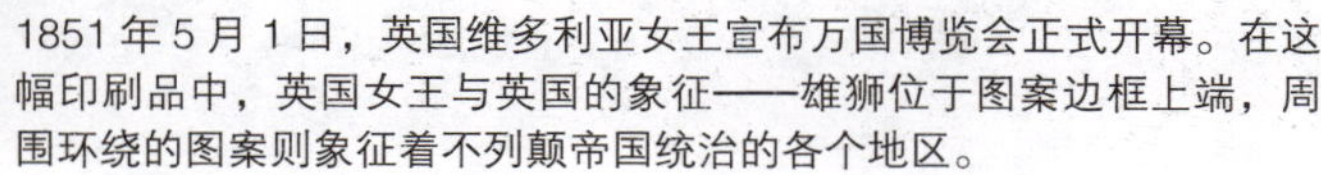

1851年5月1日，英国维多利亚女王宣布万国博览会正式开幕。在这幅印刷品中，英国女王与英国的象征——雄狮位于图案边框上端，周围环绕的图案则象征着不列颠帝国统治的各个地区。

筑风格开启了美国建筑的包豪斯艺术时代，在随后的40年间，该建筑理念极大地影响了美国各主要城市的建筑风格。

最初的水晶宫于1852年拆除，但又在伦敦南部城市西德纳姆附近山丘重建，并一直在博览会或其他展览时使用，1936年毁于一场大火。现在，在当年水晶宫矗立的那块行政区被称为水晶宫区。

### ·纽约水晶宫·

1853年，纽约万国博览会期间，建造了纽约水晶宫，该建筑完全模仿造于1851年的英国水晶宫，不过规模较小。如同约瑟夫·帕克斯顿所设计的伦敦水晶宫一样，纽约水晶宫也是由铸铁预制组件构成，并且大量采用玻璃结构，使其内部光线充足。富有的参观者可驾驶自己的马车直接出席展馆，但是因为博览会周围没有铁路，所以马车以及公共马车（图中前景）成为博览会期间最主要的交通工具，负责接送数千名客人。

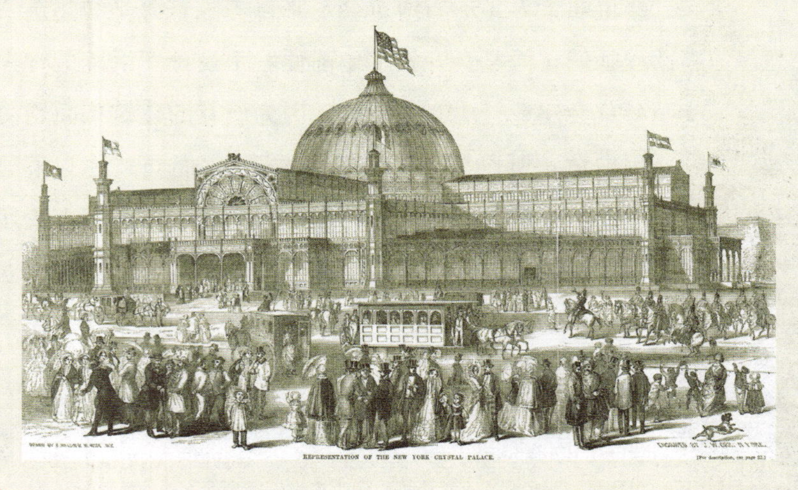

# 自由主义思潮

约翰·穆勒

工业革命以前，英国资产阶级的主体是金融资产阶级，他们与地主贵族结成联盟，在1688年政变后长期掌权。工业革命中出现的工厂主们虽然来源很复杂，财富多寡不同，但共同的利益把他们联系在一起。随着工业革命的不断发展，他们的人数不断增加，机器的运转给他们带来了巨额的利润。

随着工业资产阶级经济实力的快速增长和社会经济地位的不断提高，其阶级意识也日渐成熟。他们反对政府强加于工商业的种种限制，要求取消有碍工商业发展的条款。他们无法忍受地主贵族与金融贵族垄断政权的局面，期望能参加国家政权的管理。在这种时代条件下，反映资本主义经济关系的古典政治经济学在英国得到了最充分的发展，而且成为完整的学术体系。反映工业资产阶级利益和要求的资产阶级自由主义思潮也在英国出现了。

自由主义思潮的代表人物是耶利米·边沁和约翰·穆勒。边沁出身于一个律师家庭，有“神童之誉”，13岁进入牛津大学学法律，16岁毕业后曾一度从事律师事务，后转而专门从事法学理论研究。1776年他完成了成名作《政府论片断》。1781年起担任伦敦大学教授。1789年他的代表作《道德与立法原理》出版。1832年创办了著名的“威斯敏斯特评论”。边沁的主要著作有《政府片论》《道德与立法原则导论》《司法证据原理》《宪法典》。其中，《道德与立法原则导论》是其最主要的著作。其著作后被编成《边沁文集》出版。边沁学说的中心是功利主义，他极力反对17～18世纪以来的古典自然法学的理性法观点，认为最好的立法是达到“最大多数人的最大幸福”。边沁的功利主义法学使整个19世纪英国制度一直处于不断进行合理化改革的过程中。他们把现存的一切社会关系和政治关系都归结为功利关系，要求国家的决策人和立法者以自由主义作为治国的方针。认为调和个人利益和社会利益是立法的任务，强调政治活动应尽量限制在保护人身安全和私有财产不受侵犯的范围之内，鼓吹不干涉主义和放任自由的经济原则。他们倡导思想自由、个性自由和言论自由，主张“真正的民主制”、建立代议制政府、给妇女选举权等。他们的学说集中反映了工业资产阶级自由竞争的主张。资产阶级自由主义思潮成为19世纪中期推动英国乃至整个欧洲政治发展的一股不可低估的力量。

### ·李嘉图·

李嘉图是英国产业革命高潮时期的资产阶级经济学家，他继承和发展了斯密经济理论中的精华，使古典政治经济学达到了最高峰。37岁的时候他完成了第一篇经济学论文，10年后他在这一领域获得了极高的声誉。李嘉图于1823年9月11日去世，年仅51岁。

# 法国里昂工人起义

1815 年 6 月，法国波旁王朝复辟，1824 年 9 月查理十世即位后，力图恢复封建专制制度，极力保护大地主和贵族的利益，引起社会各阶层的普遍不满。并于 1830 年 7 月 26 日颁布了反动的“七月敕令”，提出取消言论自由，解散议会，限制选举权，群情激愤。7 月 27 日，巴黎人民发动武装起义，28 日占领市政府，29 日起义者占领了卢浮宫和杜伊勒里宫。8 月 2 日查理十世宣布放弃王位，逃往英国，波旁王朝被推翻。但由于资产阶级共和派软弱无力，无产阶级也没有形成独立的政治力量，政权落到了代表金融贵族的大资产阶级的手中，开始了“七月王朝”的统治。里昂是法国纺织工业的中心，在工场主和包买商残酷剥削下，纺织工人生活极为困苦。

1831 年 11 月，法国的丝织业中心里昂爆发了法国历史上第一次工人武装起义。当时，里昂有 3 万多纺织工人，他们饱受工厂主、包买商的残酷剥削和压迫，常年挣扎在死亡线上。工人每天劳动 15 ~ 18 个小时，所得工资仅能买一磅面包，难以维生。1831 年 10 月，在 6000 多名工人的强烈抗议下，厂商同意增加工资，但事后拒不执行，激起工人的愤怒。11 月 21 日，里昂工人走上街头，举行罢工示威。游行时遭到军警袭击，工人立刻拿起武器反击。工人提出了“里昂应当有我们自己选出的代表”的政治要求。

**自由引导人民 1830 年 德拉克洛瓦**

此画反映的是法国七月革命，画中的自由女神与巴黎凯旋门、埃菲尔铁塔一样，成为法兰西文化的象征。

他们高呼“不能劳动而生，就要战斗而死”的口号。经过3天的浴血战斗，起义工人攻占了市政厅，逮捕了省长，做了里昂的主人。但是，由于起义者没有无产阶级政党的领导和革命理论的指导，未能巩固胜利。10天后，就被反动政府镇压下去了。

1834年4月9日，里昂工人为了反对政府颁布的禁止工人集会结社的反动法令和营救被捕的工人领袖，再次发动了武装起义。起义工人修筑了街垒，同敌人展开了长达6天的巷战。与此同时，巴黎、马赛等城市的工人纷纷举行罢工和示威游行，声援里昂工人的起义斗争。在这次起义中，工人们在宣言中针对七月王朝的反动统治，提出了推翻富人统治、争取民主共和国的口号，带有明显的政治色彩。

虽然两次里昂工人起义都失败了，但是，它表明工人阶级已经觉醒，无产阶级和资产阶级的斗争已经成为社会的主要矛盾。这两次起义推动了法国工人运动的发展，为无产阶级的独立运动树立了光辉的榜样，标志着法国无产阶级作为独立的政治力量登上历史舞台。

# 英国宪章运动

工业革命后，工人阶级的斗争采取了破坏机器的斗争方式，这是因为当时工人觉悟很低，他们还没有认识到造成灾难的根源不是机器，而是资本主义制度。破坏机器运动最早发生在英国，当时称作“卢德运动”。

随着工人力量的增强，特别是觉悟的提高，工人开始认识到团结起来进行斗争的重要性。在英国，19 世纪初就已出现工人的组织，并且争取到工人的结社权利，到处都出现工会组织。工会领导了 1825 年开始的罢工斗争。

工人阶级还用武装斗争去反击资本家的剥削。19 世纪三四十年代，英国爆发了声势浩大的“宪章运动”。

在 1832 年的议会改革中，工业资产阶级在工人和劳动人民的支持下，迫使金融贵族和地主贵族做出了让步，取得了部分参政权，工业资产阶级在满足了自己的政治愿望之后，在政治上与金融贵族和地主贵族结成了同盟，共同统治英国。这些事实进一步暴露出无产阶级和资产阶级利益的根本对立。工人群众决心进行独立的政治斗争，争取本阶级的政治权利。1836 ~ 1848 年的宪章运动，就是在英国工人阶级的政治觉悟有了明显提高的历史条件下爆发的。

1836 年 6 月，成立了以木匠威廉 · 洛维特为首的“伦敦工人协会”。1837 年 6 月，该协会拟定了一个争取普选权的文件，即《人民宪章》。提出 6 点要求：年满 21 岁的男子均有选举权；秘密投票；按居民人数平均分配选区，每区选派一名议员；每年改选一次国会；废除议员候选人的财产资格限制；议员领取薪俸。1838 年 5 月，《人民宪章》以法案形式公布后，得到了广大工人群众的热烈支持，全国各地纷纷举行群众集会和游行，坚决拥护《人民宪章》。

宪章运动是一开始就具有全国规模的政治性运动，工人和其他劳动群众成为这次运动的主要力量。1839 年 2 月 4 日，宪章派在伦敦召开了第一次代表大会，定名为“全国宪章派公会”，并通过了全国请愿书，要求实现《人民宪章》。请愿书公之于众后，立即在全国掀起了签名运动，到 5 月份，在请愿书上签名者多达 120 万人。

宪章运动开始后，出现过三次高潮。

1839 年 7 月 12 日，国会否决了请愿书。消息

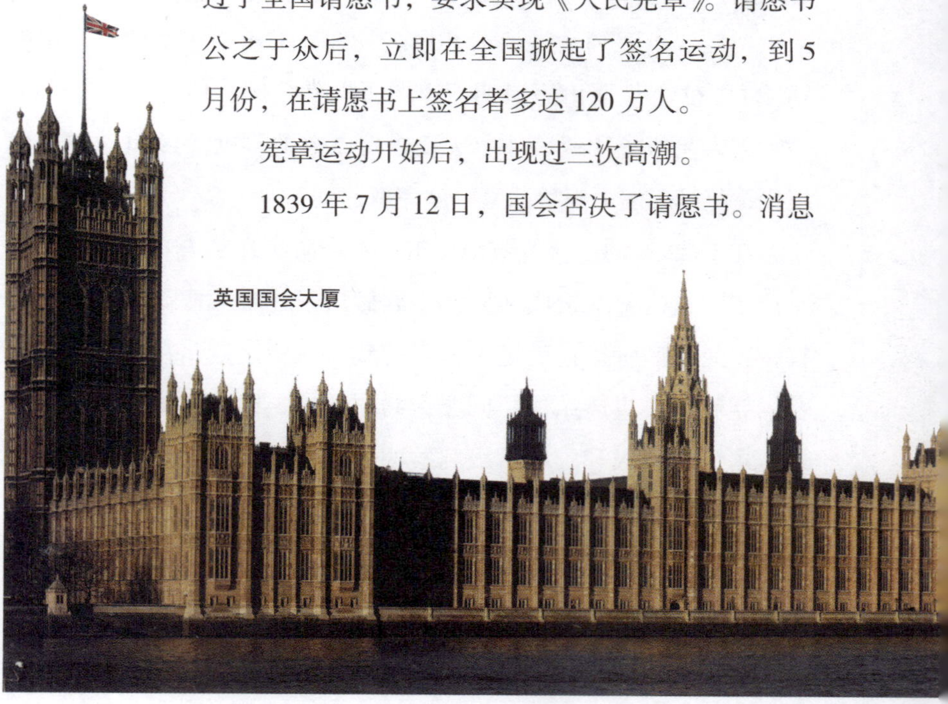

英国国会大厦

传出后，伯明翰工人举行了起义，各地群众举行罢工和示威，宪章运动出现了第一次高潮。不久，政府派出大批军队镇压了起义，逮捕宪章派领袖，运动转入低潮。

在 1841 ~ 1842 年经济危机的推动下，工人阶级掀起了第二次宪章运动的高潮。1842 年 4 月 12 日，宪章派在伦敦举行了第二次代表大会，制定了请愿书，向国会提出申请。除了坚持《人民宪章》的六项要求外，还提出了废除“新济贫法”、取消劳动院、要求政教分离、取消什一税等，甚至提出了取消资本家对土地和生产资料独占的要求。这次请愿书所提出的更为激进的要求，说明宪章运动已经摆脱了资产阶级的影响，具有更加纯粹的无产阶级性质。然而，国会又否决了请愿书，宪章派领导机构号召工人举行总罢工，进行抗议活动。8 月 9 日，曼彻斯特工人首先宣布总罢工，各地工人纷纷响应，罢工席卷全国，但由于政府派军队镇压了罢工，运动再次转入低潮。

1847 年的经济危机和 1848 年欧洲各国的革命运动，特别是法国二月革命的胜利，给宪章运动注入了新的动力。1848 年初，全国宪章协会恢复活动，筹备第三次请愿。第三次请愿书宣布，劳动是一切财富的唯一源泉，劳动者对自己的劳动成果享有优先权，

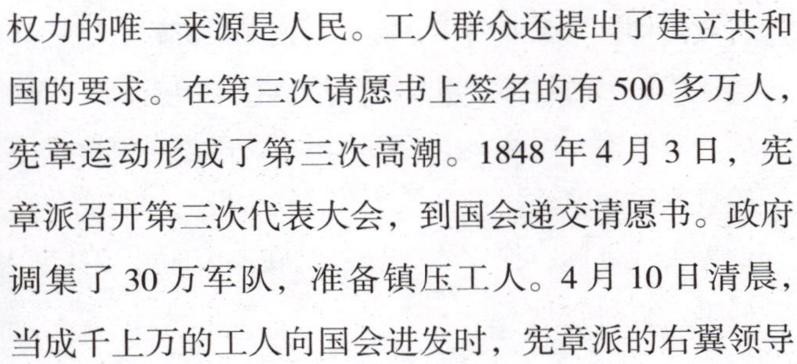

权力的唯一来源是人民。工人群众还提出了建立共和国的要求。在第三次请愿书上签名的有 500 多万人，宪章运动形成了第三次高潮。1848 年 4 月 3 日，宪章派召开第三次代表大会，到国会递交请愿书。政府调集了 30 万军队，准备镇压工人。4 月 10 日清晨，当成千上万的工人向国会进发时，宪章派的右翼领导

人屈服于政府的武力威胁，力劝工人解散回家，请愿书只由几个领导人送交国会，这样致使运动夭折了。随后，政府下令解散宪章派组织，并大肆逮捕宪章派积极分子，宪章运动归于失败。

宪章运动虽然失败了，但它的历史意义是重大而深远的。它已经不是个别工厂、个别地区的工人反对资产阶级的斗争，而是全英国的工人阶级共同进行的一场大规模的政治斗争。在斗争中，工人们建立了自己的组织，提出了本阶级的政治要求，把矛头指向了资产阶级的政治统治。宪章运动是英国无产阶级的第一次全国规模的、群众性的政治斗争，标志着英国无产阶级登上了政治舞台。

### ·保守党·

保守党是英国资产阶级政党，其前身是托利党，全称保守统一党。起初是大地主、银行家的政党。19 世纪晚期，许多大工业家加入，保守党变为垄断资产阶级的代理人。1848 年，迪斯累里当选保守党领袖，极力整顿和改组保守党，建立全国保守主义与统一主义协会联盟。19 世纪后半期，保守党与自由党交替执政。1874 年大选，保守党获胜。迪斯累里组阁后，对内取消主仆法，禁止 10 岁以下儿童做工，成立地方管理部，扩大政府行政机构，并采取收买办法，培植工人贵族阶层，给英国工人运动造成极大的危害；对外则积极执行帝国殖民扩张政策，并向英国人民灌输大国沙文主义和帝国主义思想；廉价收买苏伊士运河股票以控制埃及，并宣布维多利亚一世为“印度女皇”。第一次世界大战期间，保守党参加战时联合内阁并维持到 1922 年，之后多次组阁。

# 德国纺织工人起义

19世纪40年代，德国爆发了西里西亚纺织工人起义。作为德国纺织工业中心之一的西里西亚，随着德国资本主义的发展，那里的工人所受的剥削日益严重，无产阶级和资产阶级的矛盾越来越尖锐。40年代初，企业主们为了增强同英国商品竞争的能力，拼命延长工时，大幅降低工资。工人们常年不能维持温饱，劳动条件十分恶劣，大批工人挣扎在死亡线上。在起义以前，西里西亚36000名工人中，有6000人死于饥饿。当时，工人们编了一首名为《血腥的屠杀》的歌谣，愤怒地控诉了工厂主和包买商的罪行。

西里西亚纺织工人起义虽然失败了，但其精神鼓舞了广大工人群众，标志着无产阶级已经形成独立政治力量登上了政治舞台，成为历史发展的伟大动力。

1844年6月4日，一些工人唱着这支歌经过最残忍的企业主茨支兹格尔的住宅，竟遭到毒打和逮捕。工人们长期压抑的愤怒像火山一样爆发出来，当天就捣毁并焚烧了茨支兹格尔的住宅。次日，烈火蔓延至另一纺织重地——住有13000居民的朗根比劳。起义织工高唱自己编写的战歌，集中打击工人最痛恨的厂主，他们捣毁厂主住宅、厂房、机器，焚毁票据、账册。普鲁士当局调集军队镇压，起义群众与前来镇压的军警展开了肉搏战。6月6日，普鲁士政府调来大批军队镇压起义。起义失败后，83名起义者被判重刑，数百名工人受到鞭笞和强迫劳役及其他惩罚。

这次西里西亚自发的纺织工人暴动，从一开始就一致把矛头指向了私有制，指向了资本剥削。它证明，德国工人阶级已经开始觉醒，带着本阶级独立的要求挺身而出，开始了反对资本主义剥削的英勇斗争。

在法国里昂工人起义、英国的宪章运动和德国的西里西亚纺织工人起义中，工人阶级已经提出了独立的政治要求，并为实现自己的政治要求进行不屈不挠的政治斗争。它标志着在资产阶级和封建主阶级争夺政权的斗争尚未结束之时，工人阶级已经作为一支独立的政治力量登上了历史舞台，成为推动历史前进的巨大动力。但是，三大工人运动都失败了。失败的最根本的原因是没有正确的革命理论作指导。当时，工人群众在思想上深受空想社会主义和各种小资产阶级社会主义的影响，他们对自己受剥削的根源、自己的历史使命和求得解放的途径等都缺乏科学的理解。空想社会主义除了无情地揭露了资本主义制度的矛盾和罪恶之外，对社会发展规律并没有清醒的认识，找不到实现理想社会的阶级力量，因而，不能给工人阶级指出一条真正的解放道路；小资产阶级社会主义流派则竭力鼓吹社会改良，诱使工人放弃政治斗争，力图把工人运动引向歧途。因此，创立科学共产主义理论并把它与工人运动相结合，就成了工人阶级反对资产阶级革命斗争的迫切需要。

# 德国古典哲学

德国古典哲学指的是18世纪末19世纪初，德国资本主义生产关系产生时期和资产阶级革命前夕的德国资产阶级哲学。

德国古典哲学的创始人是伊曼努尔·康德（1724 ~ 1804年）。1724年4月22日，康德生于德国哥尼斯堡。哥尼斯堡大学毕业。1755年起在母校任教，这一时期是他思想上的“前批判期”。他埋头于自然科学研究，讲授多门学科，同时发表了许多关于自然科学的著作。1770年被聘为教授，他的思想转入“后批判期”。从1781年开始，他完成了《纯粹理性批判》《实践理性批判》和《判断力批判》三部著作，这标志他的批判哲学体系的诞生，并带来了一场哲学上的革命。1793年他因一些观点，被告蔑视基督教教义，遇到一些麻烦。但他仍不断探索和写作，直到1804年2月12日病逝。康德深居简出，过着极为有规律的学者生活。他一生独身，从未走出过家乡。但他是一

**黑格尔**

黑格尔是德国著名的哲学家，绝对精神的布道者，在他看来，世界上的万事万物及其发展过程都是非物质性的，他的哲学所提出的自我意识成了这些历史发展过程的顶峰。

个有丰富生活内容和细腻生活情调的人。康德是近代西方哲学史上划时代的哲学家，后世哲学家想入哲学之门就必须通过康德之桥。康德哲学的根本特征是将唯物主义和唯心主义调和起来。一方面，他承认在人的意识之外存在着客观物质世界，即“自在之物”；另一方面，他又认为“自在之物”是不可知的，是超乎经验之外的，是人的认识能力无法达到的“彼岸世界”。

德国古典唯心论哲学集大成者——乔治·威廉·费里德里希·黑格尔（1770 ~ 1831 年），自小就跟随母亲学习拉丁文，7 岁时进入斯图加特城的学校接受正规教育。1788 年，黑格尔进入图宾根神学院，学习了两年哲学、三年神学，于 1793 年获得哲学学士学位。在大学期间，他与另一位哲学家谢林成为挚友，两人经常去郊外散步，一起讨论哲学问题。

大学毕业后，黑格尔先后在瑞士、德国的法兰克福等地做过家庭教师，业余时间研究希腊文化和康德哲学。1798 年，他的第一部著作《伦理学》出版。1801 年，在谢林的推荐下，黑格尔任耶拿大学的哲学讲师，1805 年升为教授。1806 年，他写完了《精神现象学》一书，论述了自己的哲学观点。在书稿写完的第二天，拿破仑的军队攻入了耶拿，黑格尔被迫离开。1808 年，他得到了纽伦堡专科学校校长的职位，他在那里兼教哲学、希腊文化和微积分，并进一步完善了自己的哲学体系。1811 年，他与纽伦堡元老院一个议员的女儿玛丽结婚，此时的黑格尔已经 41 岁，而新娘才 19 岁。1812 ~ 1816 年间，黑格尔完成了《逻辑学》（即《大逻辑》）一书。1816 年秋天，他受聘为海德尔堡大学哲学教授。1818 年，他又完成了大作《百科全书》，这本书极大地提高了他的声誉，他在同年被聘为柏林大学的哲学教授。黑格尔一生的最后 13 年是在柏林大学度过的，他在那里发表了《小逻辑》《自然哲学》《精神哲学》《法哲学原理》等著作，并在 1830 年就任柏林大学校长。黑格尔创立了欧洲哲学史上最庞大的客观唯心论体系，他也是第一个系统地阐发了唯心论辩证法的哲学家。

黑格尔的客观唯心论哲学体系，简单地概括，就是从思维、精神出发，由思维转化为存在、精神转化为物质，然后再由存在转化为思维、物质转化为精神的过程。

黑格尔认为，在自然界和人类社会出现以前，就有一种精神或理性存在，这种精神既不是某个人的精神，也不是人类的精神，而是整个宇宙的精神，黑格尔把它称作“绝对精神”。“绝对精神”是万事万物的源泉，世界上的任何现象，都是“绝对精神”的表

### ·人本主义·

人本主义是德文 Anthropologismus 的意译，又译为人本学。希腊文则源于 antropos 和 logos，意为人和学说。通常指人本学唯物主义，是一种把人生物化的形而上学唯物主义学说，以 19 世纪德国的费尔巴哈和俄国的车尔尼雪夫斯基为代表。

其主要哲学观点是：

1. 反对宗教神学和思辨哲学（如黑格尔），把自然和人看作是由某种神秘的、虚幻的和超自然的力量所支配的观点，要求恢复人和自然的真面目。

2. 人是自然的一部分，心灵不能脱离肉体而存在。

3. 人是生物学意义上的人，而不是社会学意义上的人。

现，都是由它派生出来的。

现实世界没有永恒的东西，而事物运动和发展的根源在于事物内部的矛盾性。把事物的矛盾和事物的发展联系起来，把矛盾看作是发展的源泉，这是黑格尔辩证法的精髓所在。

费尔巴哈（1804 ~ 1872 年）是德国古典哲学最后一个代表，唯物主义哲学家，无神论者。1837 ~ 1843 年间，他归属青年黑格尔派，发表了《黑格尔哲学批判》和《基督教的本质》等主要著作，其哲学观点已是唯物主义的。接着又写出《宗教的本质》等重要著作。他拥护资产阶级民主制，1870 年参加德国社会民主党。晚年读马克思的《资本论》。1872 年 4 月 13 日逝世。费尔巴哈唯物论是在批判黑格尔唯心论的基础上建立起来的。他对黑格尔的精神第一性、物质第二性的唯心论予以批判，指出黑格尔的“绝对精神”外化为自然界的说法是一种伪装了的宗教，是上帝创世说神学理论的翻版。费尔巴哈认为，物质是第一性的，精神是第二性的，“存在是主体，思维是客体；思维是从存在来的，自然、存在并不来自于思维”。他认为，人的精神、思维是人脑的附属品，没有肉体就不可能有精神和思维。因此，费尔巴哈把“人”当作他的哲学的核心，把自己的哲学叫作“人本学”。

但是，费尔巴哈的唯物论也有局限性。他对黑格尔哲学采取了全盘否定的态度，在批判黑格尔的唯心论观点时，把黑格尔的辩证法思想也抛弃了。

尽管如此，费尔巴哈仍不失为德国古典哲学中杰出的唯物主义哲学家。他的唯物主义观对马克思主义哲学的形成起了很大的积极作用，是马克思主义哲学的重要思想来源。

# 门罗主义

门罗主义使拉丁美洲各国独立得到巩固。

维也纳会议之后，欧洲列强忙于重建统治秩序。与此同时，西半球经历着另一场巨变：年轻的美国在第二次对英国战争（1812 ~ 1814年）后，进入了一个新的历史时期。在经济上，美国启动了工业革命的进程；在政治上，资产阶级和种植园奴隶主的联合政权得到加强。美国外交政策的目标处在从争取和维护海上贸易自由权到维护大陆扩张“自由权”的转折时期。与此同时，拉丁美洲人民反对西班牙和葡萄牙殖民统治的民族解放运动一浪高过一浪。

为争夺新兴的拉美市场，英、美之间进行着激烈的经济争夺战。1822年8月，英国外交大臣乔治·坎宁从维护工商业资产阶级利益的立场出发，极力主张维持欧洲的均势，借以保持英国的优势地位。

坎宁把均势体系的范围扩展到美洲，这便同美国自建国以来实行的孤立主义的外交政策形成了对立。

1823年8月，坎宁接见美国公使理查德·拉什，建议英美两国共同发表宣言，保证不侵占拉美的任何部分，不允许将原西属殖民地的任何部分向其他国家转让。接到拉什的报告后，从同年11月7日起，美国总统詹姆斯·门罗多次召开内阁会议，研究坎宁的建议和美国的对策。

1823年12月，门罗总统向国会发表国情咨文，较为全面地阐述了美国对拉丁美洲的政策。它主要包含三项基本原则："美洲体系原则""互不干涉原则"和"非殖民原则"。这三项原则是美国对拉美政策体系的概括，也体现了美国同欧洲列强之间的分歧。

门罗咨文宣称："神圣同盟各国的政治制度与美洲根本不同，这种不同产生于它们各自不相同的政体。"这实际上就是作为美国对拉美政策的理论基础的"美洲体系原则"。"美洲体系"表现在这几个方面：第一，除继续鼓吹美洲和欧洲在地理上的"天然隔绝"外，进一步强调二者在政体上的区别；第二，从追求美国一国的孤立，扩大为追求整个美洲的孤立，在美洲和欧洲之间建起藩篱；第三，不再只力求不介入欧洲事务，而是要将欧洲势力从美洲这个"集体孤立圈"中排斥出去。这个原则并不表明美洲国家在地理、政治和经济利益方面的共同利益，而是表现了美国一国的扩张利益。"美洲是美洲人的美洲"实际上意味着"美洲是美国人的美洲"。说到底，"美洲体系"不过是美国的殖民体系罢了。

门罗咨文发表后，并未引起国际社会的普遍重视，国内新闻媒体对它也没有特殊的关注。"门罗主义"在当时对于防止欧洲列强染指拉丁美洲起了一定的遏制作用，使拉丁美洲各国的独立得到巩固。

# 拉丁美洲的独立运动

拉丁美洲的独立运动于 1791 年 8 月爆发在加勒比海地区的海地。不足 2 万人的海地起义军在杜桑·卢维杜尔等杰出领袖的领导下，与广大黑人和混血人种一道，经过 12 年的浴血奋战，打败了法国、西班牙和英国三大欧洲侵略军，赢得了民族解放和独立，揭开了拉丁美洲独立运动的序幕。

1810 年 9 月 16 日，47 岁的教士伊达尔戈在墨西哥北部偏远

1824 年 12 月 9 日，大哥伦比亚 – 秘鲁联军与西班牙主力部队在阿亚库乔平原上进行决战。

的多洛雷斯村，率领几千名印第安人，高呼“独立万岁”“美洲万岁”“打倒坏政府”等口号，举起义旗。“多洛雷斯的呼声”从此传遍拉美的东南西北，北起墨西哥，南到阿根廷等广大地域的人民掀起独立战争的高潮。

1811 年 4 月，委内瑞拉宣告独立，成立第一共和国。但在 7 月 29 日被西班牙军队击败。失败的起义军在玻利瓦尔的领导下，转入新格拉纳达继续战斗。在人民的支持下，起义军再次攻进委内瑞拉，一举赶走殖民势力，第二共和国诞生。但势力较弱的起义军并没有保卫住自己的成果，1813 年 9 月，第二共和国再次失败。

拉美的反抗，使西班牙当局极为惊慌。国王斐迪南七世派莫里略率 1.6 万人增援美洲地区。起义军陷入了最艰苦的时期，各地起义纷纷遭到打击。从海上袭击敌人的起义军也遭到重创，起义

### ·多洛雷斯呼声·

在 19 世纪之前的墨西哥，殖民统治力量较强，阶级矛盾尖锐。19 世纪初，拿破仑率军侵入西班牙，西属美洲殖民地人民趁机起义。1810 年 9 月 16 日，墨西哥民族独立运动的领导人、多洛雷斯镇的神父伊达尔戈敲响了当地教堂的钟声，集合附近的农民和城市贫民，号召夺回被西班牙占去的土地，大大激发了墨西哥人民的革命热情，唤起了人民的斗志。群众齐声高喊口号，墨西哥独立战争从此开始。起义军与西班牙殖民军展开了战斗。1811 年伊达尔戈被俘，英勇就义，但人民把他发出“多洛雷斯呼声”的日子定为墨西哥独立日，尊他为“墨西哥独立之父”。

**玻利瓦尔**
拉丁美洲北部地区独立运动的领袖，被委内瑞拉、波哥大、大哥伦比亚和厄瓜多尔 4 个国家尊称为“国父”。

军被迫展开游击战，他们从失败和挫折中总结经验，吸取教训。1816 年 12 月，玻利瓦尔率领新组织的力量又一次对委内瑞拉发动进攻，所到之处横扫殖民军队，委内瑞拉第三共和国宣告成立。1819 年 2 月，玻利瓦尔被选为总统。

委内瑞拉的胜利，鼓舞了起义军的士气，玻利瓦尔乘胜翻越安第斯山，远征新格拉纳达，在波耶加一举击败殖民军，直扑波哥大。1819 年 12 月，宣告了哥伦比亚共和国的独立。不甘心的西班牙殖民军调集军队，对起义军展开反扑，但是，屡战屡胜的起义军势不可挡。1821 年 6 月，西班牙殖民军进入起义军在卡拉沃沃平原的阵地，双方经过猛烈的炮轰和激烈的拼杀，殖民军受到了重创，起义军趁势占领了加拉加斯。次年 5 月，起义军开始做解放基多城的准备，双方在皮钦查展开了大会战，凭借顽强的勇气和视死如归的斗志，起义军取得了决定性的胜利，6 月，整个新格拉纳达地区全部解放。

北部起义军的节节胜利，鼓舞着南部起义军的士气。1818 年 4 月 5 日，在圣·马丁的指挥下攻进智利首都圣地亚哥，赶跑殖民军，智利独立。殖民者退到秘鲁。1820 年 8 月，圣·马丁经海上北上秘鲁，顺利攻占秘鲁总督区首府利马，秘鲁获得独立，圣马丁被共和国授予“护国公”。

“多洛雷斯的呼声”传遍拉美南北，但墨西哥的局势却相对平静，各地起义军以游击战为主。法国攻进西班牙首府，给起义军提供了良好的契机。1820年，教会势力代表、掌握着军权的伊图尔维德率军暴动，配合起义军反抗殖民军。次年就攻下了墨西哥城，至此墨西哥也宣告独立。

1822年7月，南北双方的起义领袖圣·马丁和玻利瓦尔在瓜亚基尔会面，双方对协同作战和战后安排未能形成一致意见后，圣·马丁隐退。玻利瓦尔于1823年9月进入尚未完全解放的秘鲁。次年8月，在胡宁平原痛击殖民军。12月，仍做垂死挣扎的殖民军拉塞尔纳集结9000余人准备与起义军决战，仅有5000余人的起义军在苏克雷的指挥下，在阿亚库乔和敌人相遇。苏克雷巧施妙计，歼灭敌军5000余人，殖民总督、众多将军和军官都未逃过此劫。1825年，秘鲁全境解放。1826年1月，起义军趁势攻克殖民地最后一个据点卡亚俄，拉美地区基本解放。

**墨西哥独立运动中的英雄们**

墨西哥起义军与西班牙殖民军展开了激烈的战斗。1811年伊达尔戈被俘，英勇就义，人民把他发出“多洛雷斯呼声”的日子——9月16日定为墨西哥独立日，并尊他为“墨西哥独立之父”。

# 第一次鸦片战争

当英、美、法、日等列强进行如火如荼的资本主义革命时，清政府正闭关锁国，自以为“天朝上国”，不思改革，遂使中国在世界上落伍。英国通过鸦片贸易从中国攫取了大量白银，同时使我国军民身衰体弱，统治阶级有识之士纷纷要求禁销鸦片。

1839 年，湖广总督、钦差大臣林则徐奉命于 1 月底到达广州，他一方面整顿海防，允许人民群众持刀杀敌；一方面宣布收缴鸦片。3 月，英国鸦片贩子被迫交出烟土 237 万余斤。6 月 3 日，林则徐下令把这些鸦片在虎门海滩当众销毁，以示中国政府禁烟的决心。

林则徐虎门销烟使英国商人蒙受了巨大的损失，英国借机发动了蓄谋已久的鸦片战争。

1840 年 6 月，英国侵略者在懿律和义律两兄弟的带领下驶向广州海面。但林则徐戒备森严，使英国侵略者无机可乘。英国侵略者只好继续北上，寻找突破口。很快，他们就攻陷了浙江定海并继续北上到达天津白河口。

以道光皇帝为首的清朝政府并没有做好与英军交战的准备，一听到英国攻打到天津的消息便着慌了，本来反对林则徐禁烟的大臣更是火上浇油。道光帝听信谗言，一面撤去林则徐的职务，一面派奕山去广州与英军交涉，订立了《广州条约》，赔款 600 万元。

虎门销烟池纪念碑

清政府的软弱使英国侵略者的气焰更加嚣张，派濮鼎查为全权公使向中国全面发动侵略战争。双方在东南沿海展开了激烈的战斗。

在战斗中，英军攻进福建厦门，不久退出，开到台湾。英军继续北上定海。清军浴血奋战六昼夜，终于不敌，定海失陷。英军接着攻打浙江镇海，两江总督裕谦亲自登城指挥，兵败自杀。

英军乘胜又攻占了宁波等地，战争持续了近两年的时间。1842 年，英军进犯镇江，镇江官兵两千多人全部壮烈牺牲。镇江失守，南京便成了英军的攻击目标。早已闻风丧胆的清朝政府决定投降，于该年 8 月与英军在南京签订了我国历史上第一个不平等条约——《南京条约》。条约包括割地、赔款、开通商口岸和协订进出口货物的税率等内容。1843 年续订条约，英国又取得了领事裁判权和片面最惠国待遇。美国和法国趁火打劫，胁迫中国签订了《望厦条约》和《黄埔条约》。

鸦片战争严重侵害了中国的主权，标志着中国开始逐步陷入半殖民地半封建社会，揭开了中国近代史的序幕，昭示了“落后就要挨打”的深刻道理。

# 达尔文创立进化论

查理·达尔文（1809 ~ 1882 年），19 世纪英国杰出的生物学家、物种起源和发展学说的创始者、生物进化论的奠基人。他提出的以生存竞争、适者生存为精髓的进化论对学术界甚至整个人类的思想都产生了巨大的影响。

达尔文

达尔文出生在英格兰西部希鲁普郡一个世代行医的家庭。他的父亲瓦尔宁曾把他送到爱丁堡大学学医，希望他将来也能成为名医，继承家业。但达尔文从小就热爱大自然，尤其喜欢打猎、采集矿物和动植物标本。进到医学院后，他仍然经常到野外采集动植物标本。在这里，他对两种水生生物进行了研究，获得了一些有趣的发现。于是，他在该校的学术团体普林尼学会先后宣读了他最早的两篇论文，那时他才 17 岁。他父亲认为他“游手好闲”“不务正业”，一怒之下，于 1828 年改送他到剑桥大学，改学神学，希望他将来成为一个“尊贵的牧师”。达尔文对神学院的神创论等谬说十分厌烦，他仍然把大部分时间用在听自然科学讲座、自学大量的自然科学书籍上。他热心于收集甲虫等动植物标本，对神秘的大自然充满了浓厚的兴趣。

1831年，年轻的达尔文经汉斯罗教授的推荐，以自然科学家的身份，参加了“贝格尔号”巡洋舰历时5年的环球考察。这5年考察，用达尔文自己的话来说，决定了他一生的整个事业。在这5年中，他跋山涉水，进入深山密林。大自然的奇花异草、珍禽异兽，千奇百怪的变异，把他的整个身心吸引过去了。他对《圣经》上“形形色色的生物，都是上帝制造出来，而且物种是不变的”说教，开始产生了怀疑。通过对采集到的各种动物标本和化石进行比较和分析，他认识到物种是可变的。由此，他逐步摆脱神创论的束缚，坚定地走上了相信科学和追求真理的道路。最后，他终于以“物种逐渐变化”的大胆假设，摒弃了物种不变的说教。

**讽刺《物种起源》的漫画**

1860年，达尔文进化论的支持者赫胥黎与牛津主教就进化论展开有趣的辩论。主教说，没人愿意把自己的祖先归结到猿猴上去。赫胥黎说，羞耻的不是有猿猴一样的祖先，而是像你这样的傲慢的态度去面对自己的祖先。

回国后，达尔文开始对物种起源问题进行全面的研究。他整理航行收获，收集大量科学事实，研究前人著作，参加社会生产实践，总结本国和别国劳动人民培育新品种的经验。为了避免偏见和替自己的理论找到更多的根据，当时他专心到甚至连自己的婚事都忘

了。他不但细致地整理了在大自然中可收集到的各种变异事实，还广泛收集了动物在家养条件下的各种变异事实，并查阅了大量

### ·人种起源·

在《物种起源》之后，达尔文又提出了一个令人瞠目结舌的观点。1867年，也就是他58岁时开始撰写一本专论人种起源的书。

这本题为《人类的由来》的著作出版于1871年。书中，达尔文大胆地叙述了一些联系——犯忌的联系，把人类和动物世界，尤其是与猿联系起来。

达尔文认为人和猿有着类似的体形和感觉器官。他们会患一些相同的疾病。人的胚胎和猿的胚胎有一个相似的发育过程，即都一度有过尾巴，但这个四足祖先的标志到他们出生时都已消失了。相似之处还不止这些。人和动物还都体验着相同的感情，如快乐和烦恼。人类最宝贵的财富——智慧，在动物中也有所发现，只是程度上有差异而已。

当然，所有这一切相似并不就是证明了人实际上是猿的后代。但这确实表明在远古时期人和猿是从同一祖先进化而来：一个四足祖先，仅此而已。后来，人们又认为人和猿的共同祖先原本是一种树鼠类动物。

达尔文关于人种起源的观点，遭到了人们的激烈反对，人怎么可能是猴的后代，或者说会与它是同一祖先？但达尔文解释这一观点时说："我们的祖先是一种会在水中呼吸、有浮囊、有一条大尾巴和不健全的大脑的动物，而且毫无疑问是一种雌雄同体的动物。"1871年，《人类的由来》出版后，正如达尔文所预料的，这本书引起了轰动。教会人士痛恨它，评论家们攻击它，爱读书的公众则抢购它。

书籍和资料。经过22年如一日，坚持不懈的专心思考、综合研究，达尔文终于在1859年11月24日出版了《物种起源》这部巨著，创立了进化论。他认为，生物界是从简单到复杂，从低级到高级，逐渐变化的。达尔文的进化论，是射向“上帝”创造万物学说的炮弹，它第一次把生物放在完全科学的基础上进行研究。马克思说，这本书实际上也为历史上的阶级斗争提供了“自然科学根据”。

达尔文是一位不畏劳苦，沿着陡峭山路攀登的人。在《物种起源》发表以后的20年里，他始终没有中断过科学工作。1876年，他写成的《植物界异花受精和自花受精的效果》一书，就是经过长期大量实验的成果。书中提出的异花受精一般是有利的结论，已在农业育种中广泛应用。到了晚年，达尔文心脏病严重，但他仍坚持科学工作。就在去世前两天，他还带着重病去记录实验情况。

达尔文是一位杰出的科学家，他划时代的贡献为人类科学事业的发展开辟了新的广阔前景。因此，他逝世（1882年4月19日）以后，人们为了表达对他的敬仰，把他安葬在科学界另一位伟大人物牛顿的墓旁，享受着一个自然科学家的最高荣誉。达尔文找到了生物发展的规律，证明所有的物种都有共同的祖先。这一重大发现，对生物学具有划时代的意义，在科学上完成了一个伟大的革命。

进化论结束了生物学领域中唯心主义、形而上学的统治时期，对近代生物科学产生了巨大而深远的影响。恩格斯称达尔文的进化论为19世纪自然科学的三大发现之一。

# 共产主义学说

马克思于1818年5月5日生于普鲁士莱茵省特里尔城。先后在波恩大学和柏林大学学习，最后在耶拿大学取得博士学位。后从事新闻工作，担任过《莱茵报》的主编。他和燕妮结婚后被迫迁居巴黎。1844年他创办《德法年鉴》，发表一系列文章，标志着他的世界观转变完成。同年和恩格斯在巴黎会见，结下终生友谊。不久他因从事革命活动，被驱逐，迁居布鲁塞尔。1847年他加入共产主义者同盟，并同恩格斯一起起草了影响广泛的《共产党宣言》。1848年他回德创办《新莱茵报》参加斗争，再次遭驱逐，他先到巴黎，后定居伦敦。1867年他最重要的著作《资本论》（第一卷）出版。1864年他创建国际工人协会，即第一国际。晚年，他继续撰写《资本论》。1883年3月14日与世长辞。

**马克思**

长期的贫困生活和紧张繁重的工作严重损害了马克思的健康，1883年3月14日，在夫人燕妮去世一年多时间后，马克思也在伦敦与世长辞。他被安葬在伦敦的海格特公墓，恩格斯发表悼词，指出作为科学共产主义创始人的马克思的理论遗产和实际革命活动具有伟大的世界历史意义。

恩格斯是马克思的亲密战友。1820年11月28日生于普鲁士莱茵省马门市。中学未毕业，就被迫经商。后去英国父亲的棉纺厂工作。他刻苦钻研，边研究理论著作，边参加工人运动。1844年，发表《政治经济学批判大纲》，标志着他已成为唯物主义者和共产主义者。同年8月和马克思相见，结为终生挚友。1847年，同马克思创立共产主义者同盟，撰写了《共产党宣言》。1848年与马克思回国参加革命，创办《新莱茵报》。1850年至1870年，重新经商资助马克思完成《资本论》。此期间他专心研究，在理论上也取得重大建树。马克思逝世后，他呕心沥血达12年整理出版《资本论》，同时关怀和指导国际社会主义运动。1895年8月5日，病逝于伦敦，骨灰投葬于大海中。

马克思、恩格斯创立的科学共产主义学说包括三个部分：马克思主义哲学、政治经济学和科学社会主义。马克思和恩格斯在批判地继承黑格尔唯心论辩证法的“合理内核”和费尔巴哈唯物论的“基本内核”的基础上，创立了辩证唯物主义，将这一学说用来诠释社会现象，并应用于人类历史的研究，创立了历史唯物主义，从而在哲学上完成了一次伟大的变革。

马克思、恩格斯在创立自己的新哲学时，吸取并继承了黑格尔关于内在矛盾和辩证发展的思想。同时，马克思、恩格斯抛弃了黑格尔哲学的唯心论糟粕，把辩证法建立在唯物主义的基础上，从根本上克服了黑格尔辩证法的缺陷，创立了具有全新内容的辩证法。马克思、恩格斯把辩证唯物主义的基本原理推广运用到人类历史上，用于解释社会现象和社会生活，从而创造了历史唯物主义学说。历史唯物主义的创立，是人类认识史上的一次空前革命。它把唯心主义从它的最后藏身之所——社会历史领域中清除出去，为社会生活各方面的研究奠定了坚实的科学基础，使得关于社会、社会规律的学说，变成了同其他科学一样能够提供精确的知识和能够预见的科学。

马克思主义哲学即辩证唯物主义和历史唯物主义的创立，为马克思主义政治经济学的创立提供了科学的方法论和理论基础。马克思、恩格斯把辩证唯物主义和历史唯物主义运用到政治经济学的研究中去，在批判地继承英国古典政治经济学的基础上，创立了同以前一切资产阶级政治经济学根本对立的无产阶级政治经济学，从而也在政治经济学领域完成了一次伟大的革命。

剩余价值学说是马克思主义政治经济学的基石。马克思以剩余价值学说为基础，全面地研究了资产阶级的经济规律，揭示了资本主义生产方式的基本矛盾和资本主义必然灭亡的规律，创建了无产阶级

### ·《莱茵报》·

《莱茵报》（全称为《莱茵政治、商业和工业日报》）创刊于 1842 年 1 月，在科隆出版。由莱茵省具有反对普鲁士专制倾向的自由资产阶级分子主办，许多青年黑格尔派分子担任编辑。马克思从 1842 年 4 月开始为该报撰稿，并在该报发表了他的第一篇政论文章《论普鲁士的书报检查令》，开始了他反对封建专制和争取民主的斗争。同年 10 月起，马克思成为该报主编。在担任主编期间，他发表了一系列抨击专制的普鲁士政府的文章。《莱茵报》具有明显的革命民主主义倾向，受到人民群众的欢迎，声誉日益扩大。报纸的影响使普鲁士政府感到严重不安。1843 年 1 月 19 日，普鲁士政府决定从 4 月 1 日起封闭《莱茵报》。报纸的股东们企图与政府妥协，以换取报纸的继续出版，但马克思坚决反对这种做法，并声明退出编辑部。3 月 31 日，《莱茵报》被迫停刊。

政治经济学体系，完成了政治经济学中的革命，为无产阶级认识自己在资本主义制度下的真正地位、奋起谋求自身的解放斗争提供了锐利的武器。马克思、恩格斯以历史唯物论和剩余价值学说这两个理论为前提，批判了空想社会主义的空想成分，继承和吸取了其中的有益成分，创立了科学社会主义学说。

这样，马克思、恩格斯通过参加革命实践，在批判地继承 19 世纪人类所创造的优秀思想成果并加以改造的基础上，创立了马克思主义的三个组成部分——马克思主义哲学、马克思主义政治经济学和科学社会主义学说，完成了历史赋予他们的伟大使命。

1848 年 2 月，马克思和恩格斯合写的《共产党宣言》在伦敦出版。《共产党宣言》把马克思主义哲学、政治经济学和科学社会主义的原理融为一体，完整地概括了无产阶级的世界观，体现了马克思主义形成时期在理论上取得的最高成就。《共产党宣言》运用辩证的和历史的唯物主义原理考察了人类社会，特别是资本主义社会的产生、发展的历史过程，全面地剖析了资本主义社会的经济结构、阶级关系及其国家上层建筑，阐明了资本主义必然为社会主义所取代的历史规律，明确指出了无产阶级的伟大历史使命，制订了社会主义运动的理论和策略，向世界宣告了无产阶级的奋斗目标。

《共产党宣言》是划时代的历史文献，所表述的基本思想，包括了马克思主义哲学、政治经济学和科学社会主义的基本原则，是无产阶级思想体系的完整概括。《共产党宣言》的发表，标志着马克思主义的诞生，是人类思想史上的一次伟大革命，从此，无产阶级找到了科学理论作指导。

# 法国 1848 年革命

曾先后担任法兰西第二共和国总统和第二帝国皇帝的路易·波拿巴

19 世纪 40 年代后期，法国工农业下降，大批工人失业，社会矛盾激化。资产阶级反对派以“宴会”形式举办的政治性集会，得到广大人民群众的响应。基佐政府两次禁止预定于 1848 年 1 月和 2 月举行的“宴会”，引起群众不满。1848 年 2 月 22 日巴黎市民举行大规模的示威抗议活动，并同军警发生了冲突。次日，示威演变成武装起义，巴黎到处筑起了街垒，许多国民自卫军和正规士兵拒绝执行实行镇压的命令，倒向革命。国王路易·菲力普被迫罢免基佐，先后任命莫雷和梯也尔组阁，但愤怒的群众要求废除王政，建立共和国。2 月 24 日，起义群众几乎控制了巴黎，并开始向杜伊勒里宫进攻，国王路易·菲力普见大势已去，便带着眷属逃往英国。起义者占领了王宫，成立了以资产阶级共和派为主体的临时政府。次日，临时政府宣布成立共和国，这就是历史上的法兰西第二共和国。4 月 23 日选举制宪议会；5 月 9 日成立执行委员会；6 月 22 日代替临时政府的执行委员会下令解散“国家工厂”，引起工人不满，爆发六月起义。在血腥镇压了六月起义后，以卡芬雅克为首的共和党右翼控制了政权，执行打击无产阶级和小资产阶级的政策，削弱了其统治基础。11 月，制宪议会制定共和国宪法，确立立法和行政分立原则。由 750 名议员组成立法议会；参政院由议会任命；总统掌管行政权，任免部长与颁布法律，但无权解散或延长议会。在 12 月 10 日的选举中，拿破仑一世的侄子路易·波拿巴当选为总统。路易·波拿巴上台后，组成了代表大资产阶级和地主利益的秩序党，逐步夺取了共和派手中的权力。

1851 年底，波拿巴又调集军队，解散了议会，把已成为他复辟君主制障碍的秩序党也推出门外。至此，共和国实际上已经寿终正寝。

1852 年 12 月 2 日，路易·波拿巴宣布法兰西为帝国，他自己登上皇位，被人们称为拿破仑三世，他的帝国被称为法兰西第二帝国。第二帝国代表金融资产阶级和大工业家的利益。拿破仑三世为了维护其反动统治，建立了庞大的军事警察官僚机构，对内实行军事独裁统治，对外推行侵略政策。第二帝国经历了一个由专制统治向自由主义、议会政治演变的过程，发展了资本主义工商业，完成了工业革命。为了争夺欧洲大陆优势和进行海外殖民侵略，帝国发动多次对外战争。1870 年普法战争中，法军战败，拿破仑三世在色当投降。9 月 4 日巴黎发生革命，第二帝国被推翻。

# 德国 1848 年革命

19 世纪中期，德意志仍处在分裂之中。虽然有一个德意志邦联，但是这个邦联非常松散，设在法兰克福的邦联议会形同虚设。

政治上的割据状态和德国的封建专制统治成为德国发展资本主义的严重障碍。1845 ~ 1846 年的农业歉收和 1847 年经济危机，使工人、农民和小资产阶级的处境严重恶化。实现全德的统一和消灭封建专制制度，成为摆在软弱的德国资产阶级和广大德国人民面前的主要任务。1848 年，法国二月革命的消息传入德国后，德国各地都掀起了声势浩大的游行和集会，农民运动也席卷德国，各邦的君主被迫妥协，先后任命资产阶级自由派组阁，并采取了一些自由主义措施。

1848 年 3 月，普鲁士首府柏林爆发革命，柏林人民同军警发生冲突。威廉四世看到武力镇压无法奏效，便许诺召集议会、制定宪法、建立德意志联邦国家。同时，在起义人民的压力下，还被迫下令把军队撤出柏林，改组政府。但新成立的资产阶级自由派政府害怕工人阶级会采取进一步的革命行动，因而同容克贵族妥协，这一行动预示了德国革命失败的命运。6 月 15 日，威廉四世重新调集军队进入柏林，镇压了人民的起义，又改组了政府，解散了议会，把自由派赶出政府机构，反革命政变成功。由于德国资产阶级自由派害怕无产阶级起来革命，与封建势力妥协，到 1848 年底，革命失败。奥地利恢复了君主专制，普鲁士成立了地主官僚政府，其他各邦反动统治也相继恢复。

1849 年 6 月，普鲁士政府又用武力解散了主张实现全德统一的法兰克福议会，保留了封建制度，德意志的统一事业宣告失败。革命虽然失败，但仍为德国统一创造了条件，并打击了封建势力。

图为德国 1848 年革命中，已觉醒的无产阶级与反动警察在柏林街头展开了激烈的巷战。

# 克里米亚战争

克里米亚战争是沙俄与英、法等列强在近东的一场争霸战争，是列强为夺取黑海海峡而使矛盾激化的结果。在1841年《伦敦海峡公约》签订后，沙俄一直想重新确立自己在巴尔干和黑海地区的霸主地位。1848年欧洲革命之后，沙皇尼古拉一世因充当了“欧洲宪兵”而身价倍增，于是自认为宰割土耳其、实现自己的扩张计划的机会已经来到。

尼古拉一世

1852年8月，以天主教为国教的法国迫使苏丹政府将管辖权交给天主教，引起以东正教为国教的俄国的不满，强烈要求恢复东正教的权利。在英法的支持下，苏丹拒绝了俄的要求。于是俄国出兵土耳其。

1853年7月，俄军渡过普鲁特河，迅速攻占了摩尔多瓦和瓦拉几亚等国。土耳其立即出兵应战。11月30日，双方为争夺黑海制海权，在汤诺普海展开激战，土耳其几乎全军覆没。12月，俄又先后攻占了阿哈尔齐赫和巴什卡德克拉尔两地区。

土耳其在战场上的节节失利，使英法联军坐立不安。1854年初，英法对俄宣战，6月，英法联军投入战争。

1854年9月14日，英法联军在拉格伦和圣阿尔诺的率领下，从克里米亚岛的叶夫帕托里亚登陆后，直逼重要港口塞瓦斯托波尔城。塞瓦斯托波尔位于半岛的险要位置，西北两边都是宽广的港湾，海岸都是悬崖峭壁。俄军在科尔尼洛夫中将的指挥下，充分利用地理优势，加强防御工事，增加防御火炮。

10月17日，联军迂回到防守较弱的南边，开始了对塞瓦斯托波尔的炮轰。俄军奋力还击，但旧式的火枪、火炮射程较近，很难击中对方。而英法经过工业革命，科学技术有了长足发展，火枪、火炮得到了较大的改进，射程和命中率大大提高，汽船的使用也增强了英法舰队的机动灵活性。俄军防御工事、炮台在震耳欲聋的联军炮火轰击下纷纷倒塌。但俄军凭借险峻的地势和顽强

**英、法联军与俄军在克里米亚激战**

这场战争中英法联军使用了线膛枪、蒸汽船，大大提高了陆海军作战效能。落后的农奴制俄国损失惨重，不仅失去了在黑海拥有舰队的权利，使得对黑海扩张的长期努力前功尽弃，而且引发了国内的革命斗争。

这幅用蒙太奇手法描绘的画面是克里米亚半岛的港口城市塞瓦斯托波尔保卫战的情景。

的抵抗，粉碎了英法联军速战速决的攻城计划，战争转入持久消耗战阶段。

为改变被动防守的局面，俄军于10月25日调集援军袭击联军的基地巴拉克拉瓦，但遭到失败。11月5日，俄军3万余人向1.4万联军发起进攻。

由于俄军内部协调不力，被联军痛击，损失1万余人。连连失利，使俄军陷入更为被动的境地。

冬天的严寒，给双方带来很大麻烦。联军只对俄军进行了几次炮轰。俄军于1855年2月对联军的进攻再次受挫。直到1855年8月16日，俄军为打破敌人的围攻，兵分两路，向法军阵地发动全面进攻。

法军指挥官圣阿尔诺果断决策，以小股部队牵制住敌人的左路进攻，集中兵力形成局部优势迎击右路敌人。在法军猛烈的火力下，右路俄军很快被击溃。法军主力转而猛攻左路俄军，俄军伤亡极为惨重，损失 8000 余人，被迫撤到黑海对岸。8 月 17 日，联军又开始了新一轮的重炮轰击。

塞瓦斯托波尔在联军一轮接一轮的猛烈炮火的轰击下，防御设施被摧毁，险峻的地势不再显示出它的威慑力。

俄军被迫通过浮桥渡海撤退。9 月 8 日，联军向几乎被炸成废墟的塞瓦斯托波尔发起强攻，很快拿下了制高点。俄军在 349 天的塞瓦斯托波尔战役中损失人员达 12.8 万人，英法联军也损失惨重。

1856 年 3 月 30 日，交战各方签订了《巴黎和约》，俄国除了被剥夺在黑海拥有舰队和海军基地的权利之外，还把一部分领土割让给土耳其。

### ·欧洲宪兵·

1848 年夏、秋，俄军打着“解放者”的旗号，先后开进摩尔多瓦和瓦拉几亚，镇压了两公国的革命运动。此后，它又把目标指向匈牙利。匈牙利革命具有全欧的性质，如果它的革命取得胜利，势必引起整个欧洲革命的进一步高涨，特别对沙俄在波兰和东南欧的利益造成严重威胁，沙皇心急如焚。恰在这时，奥地利政府向沙皇求援，早已按捺不住的尼古拉一世立即狂叫起来：“敌人出现在哪里，我们就打到哪里。”5 月，15 万俄军侵入匈牙利。匈牙利革命不久就被俄军血腥镇压。事实表明：沙皇俄国不但镇压国内人民革命，而且镇压欧洲其他国家的革命运动，成为欧洲反动势力的主要堡垒，起了一个宪兵的作用。因而，人们把沙皇俄国称为“欧洲宪兵”。

# 美国南北战争爆发

19 世纪四五十年代，是美国资本主义经济迅猛发展的时期。北方的资本主义工业革命蓬勃发展，工业化进程也已经开始启动，西部资本主义农业随西进运动的进行而兴旺发达，南部的种植园经济由于植棉业的兴起而方兴未艾。在此背景下，美国掀起了大陆扩张的狂潮。1846 年 6 月，美英签订了共同瓜分俄勒冈地区的条约，美国的版图正式达到太平洋沿岸。1848 年，美国打败了墨西哥，夺取了原属墨西哥的得克萨斯、新墨西哥和加利福尼亚等地。从此，美国国力大增，成为在西半球能同欧洲抗衡的泱泱大国。

林肯

美国独立后，北方建立以雇佣劳动为基础的资本主义制度，而南方仍保留着以奴隶劳动为基础的种植园经济。在北方的资本主义工业迅速发展的同时，南方的种植园经济也因植棉业的繁荣而兴旺起来。到 19 世纪四五十年代，南北双方在土地问题上展开了尖锐的斗争。奴隶制度作为美国社会的一个“赘瘤”，严重地阻碍着美

两个出逃的、即将恢复奴隶身份的奴隶被戴上脚镣、手铐押解着穿过波士顿的街道，路边观看的有些废奴主义者忍不住潸然泪下。

国资本主义在全国范围内的发展。

到了19世纪40年代末，南北双方在新侵占的墨西哥土地上建立何种制度的问题上看法不一致。1850年双方妥协，规定加利福尼亚以自由州身份加入联邦，新墨西哥和犹他州的奴隶制存废问题由当地居民投票决定。由于这两州白人奴隶主占多数，所以等于承认在两州建立蓄奴制。1854年，双方又达成新的妥协，规定新近申请加入联邦的堪萨斯和内布拉斯加两地的奴隶制问题也交由当地居民投票决定。至此，打破了1820年达成的把奴隶制限制在北纬36° 30′ 以南的《密苏里妥协案》的规定，把整个西部向奴隶制开放。1854 ~ 1856年，堪萨斯的居民在投票时发生了武装冲突，表明南北两种社会制度的矛盾已到了兵戎相见的程度。

奴隶主的倒行逆施，引起了美国人民的愤慨。美国自18世纪末就开始了废奴运动，参加者有工人、农民、黑人、白人、妇女和部分资产阶级知识分子。到 19 世纪 30 年代，废奴主义组织了全国性的秘密团体，出版刊物、宣传废奴。他们组织了秘密通讯联络点，称为“地下铁路”，帮助南方黑奴逃往北方或加拿大，并支持黑人奴隶的反抗斗争。19 世纪 50 年代，美国各地爆发的反对奴隶制的起义时有发生，其中影响最大的是约翰·布朗领导的武装暴动。约翰·布朗是美国的一位杰出的废奴主义者，他把毕生的精力都投入到解放奴隶的事业中。在长期的反对奴隶制的斗争实践中，他认识到使用武力废除奴隶制的必要性。1859 年 10 月 16 日，布朗率领 22 人的小分队在弗吉尼亚的哈泼斯渡口举行起义。布朗

### ·黑人奴隶制种植园·

英国在北美的 13 个殖民地当中，南部殖民地土地肥沃，气候炎热，适宜稻米、烟草、蓝靛叶生长，种植园经济发达。种植园主大多数是欧洲的封建贵族，开始时，他们役使着大批契约奴隶（因贫困而卖身的欧洲劳动者或由欧洲流放到美洲的罪犯）。后采，由于种植园经济的发展，契约奴隶已不能满足需要，种植园主逐渐把奴役的主要对象转向非洲黑人。自 16 世纪初欧洲殖民者将第一批黑人掠到美洲卖为奴隶开始，到 1775 年独立战争爆发时，北美 13 个殖民地的黑人已占全部人口的 20%。种植园主不给黑奴以任何权利，让其从事繁重的体力劳动，每日工作十五六个小时以上。由于繁重的劳动和恶劣的生活条件，大多数身体健康的奴隶，六七年间便被折磨死。黑人奴隶制种植园经济是应欧洲市场对经济作物的需求而发展起来的，是世界资本主义经济的一个组成部分。

率领起义者英勇地同前来镇压的军队作战，最后因寡不敌众，起义失败，布朗本人受伤被俘。布朗在就义前发出如下誓言："我，约翰·布朗，现在坚信只有用鲜血才能洗清这个罪恶深重的国家的滔天罪行。"布朗起义是美国内战爆发的导火线。

1860 年 11 月，反对奴隶制的共和党在大选中获胜，林肯当选为美国第 16 任总统，南部扩展奴隶制度的梦想结束。为维护自身利益，南部奴隶主发动叛乱。12 月 20 日，南卡罗米纳州宣布独立，佐治亚、亚拉巴马、密西西比、佛罗里达、路易斯安那和得克萨斯等州也纷纷跟随。1861 年 1 月，南部各州组织"南方同盟"，2 月在蒙奇马利成立临时政府，戴维斯当选总统。4 月 12 日，南方同盟炮击北军要塞萨姆特堡。4 月 15 日，林肯宣布南方各州叛乱，号召人民为恢复联邦的统一而战斗，并下令征召志愿军 7.5 万人。人民纷纷响应，很快就有 30 万人应征，开赴前线。内战不可避免地爆发了。

约翰·布朗成为美国废除奴隶制度的一面旗帜。

# 《解放黑人奴隶宣言》

《解放黑人奴隶宣言》发表后，华盛顿上下一片欢腾。

美国内战之初，北方占据了人力、物力和政治方面的优势。但由于在解放奴隶的问题上态度不明确，对战争的艰巨性没做充分的估计，再加上军事指挥的失误，致使战争在开始阶段遭到重大挫折。林肯政府的保守政策和北军的屡次败北，引起了人民群众的不满。

总之，群众要求用革命的方法进行战争。到1862年夏秋之时，前线的失败和后方人民群众运动的高涨，迫使林肯政府改变了保守政策，采取了一系列革命措施。

1862年2月18日，由众议院以107票赞成、16票反对而通过；5月6日，参议院以33票赞成、7票反对予以通过。5月20日，林肯总统予以签署。它规定：凡一家之长，或年龄已达21岁的合众国公民，或决定按照合众国入籍法的规定申请、愿意成为合众国公民，同时从未持械反对合众国政府或支持、帮助合众国政府的敌人的，从1863年1月1日起，只需交纳10美元手续费，就可以领得60英亩或160英亩以下尚未分配的国有土地；耕种5年后，便成为这块土地的所有者，发给证书或执照。还允许私人购买一定数量的公共土地。这一措施的出台，满足了广大农民长久以来的要求，它极大地鼓舞了农民参加反对奴隶制战争的斗志，同时也加快了开发西部的步伐，保证了北军的军粮供应。

1862年9月24日清晨，林肯发表了震惊世界的《解放黑人奴隶宣言》，宣布从1863年1月1日这天起，凡叛乱诸州的奴隶，永远获得自由；政府和军队将承认和保障他们的自由；获得自由的人，除非必要，应避免使用任何暴力；合乎条件的人，可以参加联邦军队。对未参加过叛乱的蓄奴州，仍按1862年的国会决议，采取自愿的、逐步的、有赔偿的解放奴隶的措施；对逃跑的奴隶，则视其主人是否参加叛乱而定是否引渡。这一伟大举动是美国内战进入以革命方法进行战争的阶段的标志。从此，解放奴隶成为北方作战的重要目标。

不过，当时林肯的《解放黑人奴隶宣言》是作为战时措施颁布的，直到1865年1月在广大群众的压力下，国会才通过了宪法修正案，禁止各州使用奴隶，正式在全国范围内废除奴隶制度。《解放黑人奴隶宣言》发布之后，林肯又推行了武装黑人的政策。这个政策使大批黑人报名参军，编成特别团队，开赴前线投入战斗，此举大大增强了北军的战斗力。同时，林肯又采取了严厉镇压反革命的措施，撤换了指挥不力的将领，调整了军事领导机构，任命有卓越军事才能的格兰特指挥军队，使前线的形势大为改观。

# 南北战争结束

《解放黑人奴隶宣言》的发布和军事上的调整，大大激发了美国人民的革命热情，北方工人、农民及黑人积极参军参战；而南方黑人奴隶为支援北军、解放自己，不断举行起义，有力地打击了南方奴隶主，牵制了南军的作战力量。由于广大人民群众的革命积极性被充分调动起来，北方对南方的战争变成了一场群众性的战争，从而使战场上的形势立即发生了根本性的变化，为北方取胜奠定了良好的基础。

**由白人领导的黑人军团猛攻瓦格纳堡垒**

《解放黑人奴隶宣言》，宣布南部各州的奴隶永远获得自由，并允许黑人参加北方军队。宣言沉重地打击了南部的农奴制度，奴隶们看到了曙光，纷纷起义，参加北方军队。黑人的参战加速了战争的进程，北方一步步走向胜利。

北军采取主动进攻、全面摧毁南军的战斗意志和经济基础的战略决策。1863年5月，北方波托马克军团13万人向里士满进军。轻敌的南军多次被击败，北军扭转了战争的被动局面。与此同时，西线的格兰特军团采取切断南军水上运输，从水陆同时实施进攻，打通密西西比河，向南军修筑在密西西比河上的重要堡垒维克斯堡发起总攻，把南军分割成东西两部分的策略。防御坚固的维克斯堡控制着整个河面。北军猛烈的炮轰持续了47天，几乎摧毁了要塞的所有防御工事。弹尽粮绝的守兵失去防御能力，于7月4

**南方联军总司令罗伯特·李将军（左）与格兰特（右）在投降仪式上签字**

应李的要求，格兰特允许南方军官保留佩剑，投降仪式在“令人敬畏的平静中”进行，“就像在悼念死者”。在这场历时4年的战争中，北方最终取得了胜利，资本主义在美国得以全面迅速地发展。罗伯特·李是美国军事家，在美国南北战争中，他是美国南方邦联的总司令。1865年，他在邦联军弹尽粮绝的情况下向格兰特将军投降，从而结束了内战。战后，他担任大学校长，积极从事教育事业，1870年病逝。

日投降，2.9 万俘虏创造了南北战争期间俘虏人数最多的纪录。7 月 8 日攻占了哈得逊港，实现了分割南军的目标。9 月 9 日，格兰特命坎伯兰军团向联邦政府的交通枢纽和工业中心查塔努加发起围攻，取得向南部进军的基地。

维克斯堡和查塔努加大捷，注定了南军败亡的最后命运。因为维克斯堡切断了东西方的联系，查塔努加是进入亚特兰大的道路，也是弗吉尼亚州李军团的后门。至此，南军的进攻力量被彻底摧毁，南军开始溃退。到 1864 年，南方已是财力空虚，兵源枯竭，陷入了山穷水尽的地步，而北方则是越战越勇。1864 年春，北军最高统帅作了新的军事部署，决定在东、西两线同时展开强大的攻势。在东线，由格兰特将军亲自指挥部队向“南部各州同盟”首府里士满进攻；在西线，9 月 2 日，谢尔曼将军率领 6 万大军从密苏里河攻入南部腹地，并把南方最大的军事工业城市亚特兰大拿了下来。

两个月后，开始了有名的“向海洋进军”，目标是萨凡纳。士兵们斗志高昂，于 12 月 21 日攻占了大西洋沿岸的重要港口萨凡纳。1865 年 2 月 1 日，谢尔曼大军从萨凡纳出发北上，准备和格兰特将军所率军队会师。1865 年 4 月 3 日，北军攻占了里士满。9 日，南军总司令李将军见大势已去，率残军 2.8 万人在弗吉尼亚的阿城马托克斯城向北军投降。至此，历时 4 年的美国内战以北方的最后胜利告终。美国恢复了统一。

美国内战是美国历史上第二次资产阶级革命。它摧毁了南方的奴隶制度，捍卫了联邦的统一，为美国资本主义在全国范围内的迅速发展铺平了道路。虽然内战后黑人仍没有得到真正彻底的

### ·三K党·

三K党是美国迫害黑人的种族主义恐怖组织。三K是英文“KU KLUX KLAN”的缩写。美国内战结束，南部出现了许多迫害黑人的恐怖组织，以各种方式进行破坏，企图实行复辟。三K党便是其中最凶恶、最野蛮、规模最大的一个。它由南部奴隶主于1866年在田纳西州秘密成立，很快蔓延到南方的十几个州，成员主要是前南部联盟军官等种族主义分子。它把野蛮与近代的组织方式结合在一起，针对的对象主要是黑人，但北方白人和共和党人也经常受到迫害，杀人的手段和暴行惨不忍睹。三K党发展起来后，逐渐被南方民主党所控制，成为南方种植园主进行阶级报复的工具。1871年，联邦议会通过《取缔三K党法案》，并授权总统以武力实行镇压，致使其活动有所收敛。三K党在第一次世界大战后扩大到北方。

解放，黑人问题仍然是长期影响美国社会发展的严重问题，但这次内战从根本上废除了奴隶制，具有非常伟大的历史意义。

美国内战的意义远远超出了美国本国范围。这次战争是19世纪五六十年代世界性民族民主运动的一个组成部分，它同英国人民争取扩大民主权利的斗争、意大利统一运动、德意志统一运动、俄国农奴制改革、日本的明治维新等一起合成一股强大的历史洪流，彻底扫除了仍然残留在欧美的封建主义的最后一个“赘瘤”，在世界范围内实现了资本主义的统一。从此，美国以大国的身份加入到世界资本主义体系中。美国进一步介入世界事务，加快了向海外扩张的步伐，加入了瓜分世界的列强的行列，并提出“门户开放”的外交原则，把世界一体化进程推向新的历史时期。

# 领土扩张与西部开发

在北美，由于美国的领土扩张和西进运动，促使了资本主义的横向发展。

美国独立后，建立了资产阶级和种植园奴隶主阶级的联合政府，资产阶级希望获得更多的工业原料和扩大商品市场，以促进资本主义的发展。奴隶主阶级则希望获取更多的土地，来扩充种植园奴隶制经济。因此，独立的美国很快开始实行对外扩张的政策。18 世纪末 19 世纪初，美国利用欧洲国家同法国作战、双方均无暇顾及美洲的有利形势，通过购买、武装颠覆和发动战争等手段，夺取了交战国家在美洲的大片土地。1803 年，美国从法国手里购得面积达 200 多万平方千米的路易斯安那，使美国的领土扩展到墨西哥湾。1810 年，美国侵入西班牙所属的佛罗里达西部，并于同年出兵侵占佛罗里达东部，第二年出低价从西班牙手中强行购买了佛罗里达半岛。到了 19 世纪 30 年代，美国又发动侵略墨西哥的战争，将墨西哥的大片领土掠夺过来。1846 年，美国又以战争相威胁，从英国手中取得俄勒冈地区的一部分土地。最后，美国又在 1867 年从俄国手中购得阿拉斯加。这样，美国领土从大西洋沿岸延伸到了太平洋沿岸，占了北美大陆的一半土地。

美国领土扩张的同时，又兴起了大规模的西进运动。一批批的东部移民像洪水似地涌入西部地区，一望无际的西部荒原逐步得到开发。最先的移民在西部开荒种地，建立起居民点，开始发展农业，他们所需的生产资料及日用工业品则完全依赖于东部，这就为东部资本主义工业扩大了国内市场。从另一方面讲，西部新农业区的开辟，又为东部城市和工业人口提供了必需的粮食及原料。这种商品经济的性质，使得西部农民从一开始就处于急剧的两极分化之中。少数人成为富裕的农业资本家，多数贫苦农民则走向破产，不得不受雇于人，成为农业工人。农业资本主义沿着这条所谓的“美国式道路”在西部迅速发展起来了。西部垦殖区在原料、市场方面所拥有的得天独厚的优势，强烈地吸引着东部的资本主义工业逐步西移。从食品与木材加工、屠宰、罐头等轻工业到煤炭、钢铁、农机制造等重工业都陆续向西部地区扩散。随着西部工业的兴起，西部移民的开拓能力也大大增强，使得西进洪流有可能向更荒僻的“远西部”推进，从而把资本主义进一步引向西部边远地区，直至太平洋沿岸。

总而言之，美国的领土扩张和西进运动的过程，也就是资本主义在北美大陆的横向发展过程。

西进运动引发了淘金热，许多东部移民为了自己的黄金梦而千里迢迢来到西部，从而把资本主义的洪流也进一步引向西部。

# 威廉一世统一德国

1871 年 1 月，威廉一世加冕为德意志帝国的皇帝，台阶下着白衣者为俾斯麦。

德意志在历史上曾经是一个长期分裂的国家，境内诸侯林立。1848 ~ 1849 年革命失败后，德意志各邦都恢复了反动的封建统治。19 世纪 50 ~ 60 年代，资本主义在德意志普遍发展起来。资本主义农业关系的进一步发展以及工业品市场的扩大，都给资本主义工业的发展创造了有利条件。资本主义经济愈加发展，国家统一的要求就愈加迫切。当时存在着两条不同的统一道路：一条是由无产阶级领导，通过自下而上的革命，推翻各邦王朝，建立统一的德意志共和国。另一条是由容克阶级领导，通过王朝战争，自上而下地建立统一的君主国。可以说，德国的统一是历史发展的必然趋势。普鲁士最后完成了自上而下的统一。

1861 年，威廉一世继承普鲁士王位，他打算通过军事改革实现德国统一。但是，他的改革计划在议会下院遭到资产阶级的强烈反对。为摆脱困境，威廉一世于 1862 年 9 月起用铁腕人物俾斯麦做普鲁士宰相。

俾斯麦（1815 ~ 1898 年）出身于普鲁士勃兰登堡世家，早年是顽固的保守派，认为德国统一只是一种幻想。1851 年，俾斯麦任普鲁士驻德意志邦联议会的全权代表后，他的政见发生了根本性的变化。他认识到德意志迟早会统一，顺应这一潮流的最好方式是由普鲁士掌握统一运动的领导权，从而能够保证普鲁士君主政体和容克的特殊地位。普鲁士要统一德国，舍武力外别无他途。

依照俾斯麦的最初设想，要排除那些妨碍实现统一的各种干扰，普鲁士首先必须要与奥地利在战场上决战。但是，在发动对奥战争之前，德意志与丹麦之间却突然发生了领土纠纷。纠纷的起因是双方就施列斯维希、霍尔斯坦两个公国的归属问题发生了矛盾。这是两个以德语为主要语言的公爵领地，后者还是德意志邦联的成员，两个公国在名义上归丹麦国王所有。1863 年，丹麦国王宣布将施列斯维希正式并入丹麦，此举马上引起德意志境内日耳曼人的反对，俾斯麦趁机挑起对丹麦的战争，并将奥地利作为“盟友”拉入战争。1864 年 2 月，战争开始，丹麦很快战败。丹麦被迫签订和约，将两公国交与普奥共管。稍后，普鲁士占领了施列斯维希，奥地利占有了与自己的领土并不毗连的霍尔斯坦。

接着，俾斯麦开始精心准备对奥地利的战争。发动战争前，俾斯麦除了得到俄、法中立的保证外，他还与刚建立的意大利王国的首相加富尔签订了同盟条约，使奥地利陷入外交上的孤立。在作了一系列外交安排后，俾斯麦借口奥地利对霍尔斯坦管理无方挑起两国的争执，并导致 1866 年 6 月普奥战争爆发。战争持续了7个星期。7月3日，普军在萨多瓦一场战役中大败奥军。8月23日，普、奥签订了《布拉格条约》，条约规定施列斯维希和霍尔斯坦归普鲁士所有，奥地利承认“没有奥地利帝国参加的新德意志组织”，并同意在莱茵河以北成立一个由普鲁士领导的德意志联邦。1867年，北德意志联邦宣告成立。德意志统一运动由此迈出了关键性的一步。

经过普奥战争，普鲁士统一了德国的整个北部和中部地区，只有德意志南部紧邻法国的4个小邦国仍旧保持着独立。俾斯麦想兼并这4个小国，但他知道，法国也有同样的想法，不打败强大的法国，德国的统一将不可能实现。所以，俾斯麦铁血政策的

### ·铁血政策·

俾斯麦通过王朝战争实现德国统一的政策。1862年6月，俾斯麦出任普鲁士的宰相兼外交大臣。他代表容克地主和大资产阶级的利益，竭力主张由普鲁士以强权和武力统一德国，建立以普鲁士为中心的德意志帝国。同年9月，他在普鲁士议会的首次演说中宣称：“德国所注意的不是普鲁士的自由主义，而是权力……普鲁士必须积聚自己的力量以待有利时机，这样的时机我们已经错过了好几次……当代的重大问题不是通过演说与多数人的决议所能解决的——这正是1848年和1849年的错误——而是要用铁和血。”他不顾议会的反对强行扩大军队，并发动了1864年对丹麦的战争、1866年对奥地利的普奥战争、1870年的普法战争。1871年1月18日威廉一世在凡尔赛宫宣告了德国的统一，成立了德意志帝国。俾斯麦推行的这种政策称为“铁血政策”，后来成为战争政策的代名词。

第三步，就是进行普法战争。另一方面，拿破仑三世曾经许诺在普奥战争期间保持中立，他之所以许诺是因为他认为战争会持续很久，普、奥两国实力会因此互相削弱，这将有利于法国扩大对中欧局势的影响。然而，战争结果却出乎他的意料。

**色当会战**

此会战，法军共损失 12.4 万人，其中仅 3000 余人逃到比利时境内；普军损失近 9000 人。色当惨败加速了拿破仑三世帝国的崩溃。

1870 年 7 月，普法战争爆发。拿破仑三世亲临前线督战。但是法军并没有做好充分的战斗准备，后勤供应又跟不上，而它所面对的又是一支经过改造以及多次炮火洗礼的欧洲劲旅，战争一开始便注定了法国失败的命运。在色当决战中，法国军队一败涂地，拿破仑三世连同他的十多万士兵都成了普军的俘虏。

色当战役后，普军深入法国腹地，兵临巴黎城下。在此期间，南德诸邦与北德意志联邦已经合并，成立德意志帝国。1871 年 1 月 18 日，威廉一世在巴黎凡尔赛宫举行加冕典礼，正式即位为德意志帝国的皇帝。至此，德国统一终于完成。

德国的统一是历史发展的必然趋势。它结束了长期的分裂状态，形成了统一的国内市场，为德国资本主义的迅速发展创造了有利的条件。统一后的德国成为欧洲和世界的强国，导致国际政治格局发生重大变化。

# 日本明治维新

19 世纪后半期，继欧洲和美洲的资产阶级革命之后，亚洲的日本也出现了一次在政治、经济、思想文化等领域的全面革新运动。这场以推行资本主义新政为目的的资产阶级革新运动，开始于明治年间，所以史称“明治维新”。

此前，日本是落后的封建国家。在 1603 年，德川家康消灭了各地的割据势力，在江户设置幕府，建立了德川家族的一统天下。名义上，首脑是天皇，但实权已落在德川家族的手中。德川幕府实际上对外代表国家，对内主持政府，根本不把天皇放在眼里。

德川幕府掠夺土地，并把土地分封给 270 家叫“大名”的封建领主。大名又把领地分割成更小的单位，分赐给自己的家臣——武士。武士一般是职业军人，是幕府将军统治人民的主要工具。“士、农、工、商”被划在武士之下，受到等级身份制度的严格限制。还有 30 多万被称作“非人”和“秽多”

**明治天皇**

生于 1852 年，是孝明天皇第二皇子，名睦仁。1866 年 12 月继承皇位，第二年实行王政复古。1868 年举行即位典礼，并改年号为明治。在他即位初期，日本发生维新运动，建立了天皇专制政权。在他的主持下，日本先后实行一系列资产阶级改革，推出版籍奉还、废藩置县、制定征兵令等改革措施，促进了日本资本主义的发展，摆脱了被殖民的危机。

明治维新大搞“文明开化”，学习西方文化。图为东京音乐学院的学生穿戴上欧洲服饰在举行一场西洋音乐会。

的贱民，被排斥在士、农、工、商之外，过着悲惨的生活。

幕府推行闭关自守政策，不同其他国家建立任何关系。德川幕府以为这样就可以长治久安了。18世后期，随着商品经济的发展，新兴的地主阶级和商业资本家为了争得政治上的地位，对幕府制度产生了强烈的不满，而广大的人民群众反抗的情绪也日趋高涨。接连爆发的农民起义和市民暴动，严重地动摇了幕府的统治。

正当此时，西方列强大举入侵日本。幕府屈服于列强的炮火，连续与列强签订了许多不平等条约和关税协定。大批农民和手工业者因为外来廉价商品的涌入而破产。民族矛盾和阶级矛盾迅速激化，在人民积极行动起来推翻幕府统治的形势下，以中下级武士、商人、资本家和新兴地主为主体的改革力量组成倒幕派，要求实行资产阶级性质的改革。倒幕派与幕府之间于1864年开始了武装冲突。

1866年6月，幕府发动讨伐长州的战争。7月，德川家茂突然死亡，德川庆喜继任将军，以举行家茂的葬礼为借口退兵。1867年10月，萨摩、长州、安艺三藩武士在京都召开秘密会议，决定组织联军正式讨伐幕府，并把讨幕计划秘密上奏天皇。10月14日，天皇给萨、长两藩颁发密诏，命令他们讨伐幕府。德川庆喜见势不妙，被迫提出了"奉还大政"的请求，表示要辞去将军职位，还政天皇。至此，统治日本260多年的德川幕府在名义上宣告结束。

1868年1月3日，明治天皇出面召开了有倒幕派皇族公卿、大名及下级武士参加的御前会议，颁布"王政复古"诏书，宣布废除幕府制，组织成立新的中央政府。德川庆喜不甘心失败，于

### ·安政条约·

安政条约是日本被迫先后同美、荷、俄、英、法五国签订的不平等的《友好通商条约》的总称，因签订于安政五年（1858年），故名。1858年7月29日，美国迫使日本签订了《日美友好通商条约》。主要内容为：日本开放箱馆、神奈川、长崎、新潟、兵库5个港口和江户、大阪为商埠；美国在江户驻外交代表，在各通商口岸派驻领事；美国可在江户、大阪两地及各通商口岸等设相当于租界的"居留地"；美国享有贸易自由和领事裁判权；美国的进出口货物实行协议关税。同年8～10月间，荷、俄、英、法相继迫使日本签订了内容类似的条约。这些条约进一步损害了日本的主权，彻底地打破了日本的锁国政策。从此日本陷入了沦为半殖民地的危机。条约由于未经天皇批准而签订，加剧了尊王攘夷的活动，导致了安政大狱，至1911年才完全恢复主权。

1868年1月集合军队向京都进军，结果在京都附近的鸟羽、伏见被以萨、长两藩军队为主力的政府军击败。4月，德川庆喜走投无路，被迫投降，政府军进占江户，改名为东京，次年3月迁都东京。明治天皇宣布了新政府的施政纲领——《五条誓文》，纲领表达了地主资产阶级在政治、经济、文化、外交等方面进行改革的愿望和决心。接着，明治政府展开了全面的改革运动。

日本明治维新的主要内容是：第一，实行“富国强兵”政策，建立中央集权制的国家机构。第二，变革土地制度，进行地税改革。第三，贯彻“殖产兴业”，大力扶植资本主义。第四，大搞“文明开化”，实行教育改革。

明治维新是一次以农民为主力、以资产阶级同资产阶级化下级武士为联盟、以资产阶级化下级武士为领导的资产阶级革命，推翻了幕府的封建统治，建立了地主资产阶级联盟的中央集权国家，开拓了日本资本主义经济的发展道路，成为日本从封建社会进入资本主义社会的转折点。在人民群众的推动下，明治政府实行了一系列资产阶级性质的改革，加速了资本主义的发展，进而摆脱了沦为殖民地的危机。但是，由于资产阶级的软弱性和其尚未形成独立的政治力量，明治维新的领导权掌握在代表地主资产阶级利益的武士集团手中，因而使这次革命进行得很不彻底。

明治维新后，国家的政治、经济等方面仍然存在着大量的封建因素。农民的土地问题没有得到彻底解决，地主阶级始终在政治中占主导地位。这使地主资产阶级专政从一开始就具有对内残酷镇压人民、对外大肆侵略扩张的性质，为后来日本走上军国主义的道路埋下了伏笔。

# 巴黎公社

马克思主义自19世纪40年代诞生后，在各国工人阶级中广泛传播，影响也越来越大，无产阶级的革命斗争也由自发的斗争发展为自觉的斗争。19世纪后半期，国际无产阶级革命运动日益走向成熟。国际团结得到加强，工人运动愈来愈具有国际性的特点，出现了国际无产阶级的群众性组织——第一国际和第二国际。

巴黎公社革命是19世纪以来国际工人运动的重大成就，是法兰西第二帝国后期阶级矛盾和民族矛盾爆发的结果。首先，巴黎公社

### ·《国际歌》·

1888年6月23日，《国际歌》首次与人民大众见面，在法国里尔，《国际歌》首唱取得成功。《国际歌》的词作者是欧仁·鲍狄埃。1871年3月18日，他参加巴黎公社的起义，担任公社委员。后来起义失败了，他满怀悲愤地写下这首歌词："起来，饥寒交迫的奴隶，起来，全世界受苦的人，满腔的热血已经沸腾，要为真理而斗争！"1888年6月，作曲家比尔·狄盖特受命为鲍狄埃的歌词谱曲。他在地窖里，用破旧的脚踏风琴为《国际歌》谱了曲。《国际歌》谱曲完成，是在6月16日。而后，在一次里尔卖报人的集会上，工人组织的合唱团第一次唱出真正属于无产阶级的革命战歌。这支雄伟壮烈、气吞山河的《国际歌》很快传遍了全世界。

革命是法国阶级矛盾和阶级斗争的必然结果。帝国末期，无产阶级的反抗斗争日益高涨，蒲鲁东的小资产阶级社会主义、布朗基的空想共产主义思想得到广泛传播，还有一些人受马克思主义影响，认识到夺取政权的重要性。广大农民、小资产阶级民主派和资产阶级共和派对帝国政府的不满情绪也日益增长。60年代后期的经济危机进一步激化了阶级矛盾。其次，巴黎公社革命是在法国面临严重的民族危机的情况下爆发的。拿破仑三世在1870年7月的普法战争中遭受惨败，法军主力连同拿破仑三世都做了俘虏，这就加速了帝国的崩溃。在这种情况下，9月4日法国人民举行革命，推翻了第二帝国，成立了“国防政府”。这时，普军继续向法国内地推进，法国成了防御侵略战争的一方。“国防政府”屈辱求和，普军得以长驱直入，包围了巴黎。10月31日，法军投降。巴黎人民极为愤慨，又爆发了旨在推翻叛国政府的第二次起义。起义虽然被镇压，但两次起义使无产阶级和人民群众受到了实战锻炼。爱国热情高涨的巴黎工人冲破政府限制，仅3个星期就组成了194个工人营队。1871年2月，巴黎无产阶级革命武装正式成立了国民自卫军中央委员会。

1871年1月28日，“国防政府”同普鲁士签订了割地赔款的停战和约。2月17日，梯也尔上台。由于消除了后顾之忧，法国资产阶级便集中全力对付国内特别是巴黎的工人武装。3月8日～17日，梯也尔政府向巴黎增调了2万名政府军，准备夺取国民自卫军的大炮，逮捕其中央委员会成员。18日凌晨，政府军占领了蒙马特尔停炮场，枪声惊醒了附近居民，大炮被抢的消息迅速传开。该区的国民自卫军战士立即集合起来，包括许多妇女、儿童和老人在内的人民群众也随同一起拥上蒙马特尔高地。偷袭

1871年5月28日，巴黎公社社员在拉雪兹公墓英勇就义。

的政府军很快就被赶到的国民自卫军击溃。

这时，巴黎的武装起义迅速展开。国民自卫军和人民群众自动拿起武器，建筑街垒，布置岗哨，派出巡逻队，集中分散的大炮。中央委员会领导武装起义，占领了部分地区。中午以后，国民自卫军开始向巴黎市中心挺进。22时许，国民自卫军进入市政厅，升起红旗。至此，中央委员会控制了巴黎全城，推翻了梯也尔政权。3月28日，巴黎公社进行了普选，一个崭新的无产阶级国家政权诞生了。

为了镇压革命力量，梯也尔一方面纠集反动军队的散兵游勇，另一方面请求俾斯麦释放战俘，重新拼凑和整顿了军队。此时，巴黎东面和北面普军15万大军压境，西面和南面凡尔赛军队伺机反扑，形势对公社极为不利。

公社方面却疏于防范。4月2日清晨，凡尔赛军炮轰巴黎，向巴黎城西的纳伊桥发起进攻。炮声震醒了巴黎，公社执行委员会当即决定进攻凡尔赛。3 日清晨，公社匆忙调集 4 万人，分 3 路向凡尔赛进军。由于公社领导对军事形势盲目乐观，对大规模军事行动缺乏准备，致使出击部队各行其道，导致战斗的失利。

4 月 6 日，凡尔赛军与东面和北面的普军对巴黎形成了包围。公社方面仅有 1.6 万人的作战部队和 4.5 万人的预备部队。但公社战士无所畏惧，与敌人浴血奋战。4 月 7 日，西线 5000 名装备很差的部队，同 9 倍于己的敌人激战。17 日，250 名公社战士在贝康城堡抗击 5000 名敌军进攻达 6 个小时。在南线，公社战士为守卫炮台顽强战斗。到 4 月底，公社守住了巴黎西线和南线，给凡尔赛军以大量消耗。5 月初，公社调整了巴黎防御部署。凡尔赛军发起全线总攻。公社虽在此时加强了军事指挥，但大局已难挽回。

5 月 21 日下午，凡尔赛军进入巴黎，一场震撼世界的巷战开始了。为保卫公社政权，公社战士奋起抗敌，他们在街道和广场筑起街垒，同敌人进行殊死的战斗。27 日，敌军开始围攻最后两个工人区。在拉雪兹神甫墓地，200 名公社战士与 5000 名凡尔赛士兵展开肉搏，战至傍晚，大部分公社战士壮烈牺牲，被俘战士全部被枪杀在墓地的一堵墙前。这堵墙后来被称为“公社社员墙”。28 日，公社战士坚守的最后一个街垒被攻克。巴黎人民的武装起义被凡尔赛军血腥镇压下去了。

巴黎公社虽然失败，但它的伟大历史功绩是不可磨灭的。巴黎公社是无产阶级民主的第一次尝试，是历史上第一个无产阶级的国家政权，为后来的无产阶级革命提供了极其宝贵的历史经验和教训。

# 第一国际

19世纪60年代，随着大工业的发展，资本主义社会的基本矛盾日益暴露出来，无产阶级反对资产阶级的斗争也逐日高涨。马克思、恩格斯在对资本主义社会发展规律进行深刻探究的同时，也致力于对各国工人领袖的组织、联系和培养。

1864年9月28日，英、法、德、意、波等国近2000名工人代表在英国伦敦圣马丁教堂召开了声援波兰人民起义的国际性工人大会。大会决定成立国际工人组织，并选出临时中央委员会（总委员会将组织定名为“国际工人协会”，简称“国际”。第二国际成立后，被称为“第一国际”）。会上，英国工联领导人奥哲尔当选为主席，马克思任德国通讯书记。但实际上，马克思一直被公认为是第一国际的领袖。

### ·无政府主义·

无政府主义是一种社会政治思潮，其基本观点是否定一切权威和任何形式的国家政权，主张个人绝对自由，建立一个没有国家的、完全平等和绝对自由的社会。无政府主义形成于19世纪40年代，其创始人是法国的蒲鲁东。他在1840年写的《什么是所有权》一书中倡导互助主义，主张通过建立人民银行和根据契约原则在生产者之间实行产品的等价交换，以达到消灭剥削和人人自由、平等的“无政府状态”。

第一国际成立后，积极在各国建立支部，把欧美各地的工人团体团结争取到第一国际中来。到1866年9月，就已建立了20多个支部。第一国际对英国、法国、比利时、瑞士等国工人的罢工斗争都给予了积极的声援和支持，并使许多次罢工取得胜利。

第一国际的前期（1864 ~ 1869年）工作主要是反对蒲鲁东主义。蒲鲁东主义是一种小资产阶级社会主义，表达了遭受破产威胁的手工业者和小生产者的愿望和要求。蒲鲁东主义者主张通过组建互助合作协会和“国民银行”，建立一种介于资本主义和共产主义之间的小生产者的私有制社会。对此，第一国际在马克思的指导下，在1869年9月前的四次代表大会上，与蒲鲁东主义者展开了激烈的斗争，使之最后分化瓦解。

第一国际后期（1869 ~ 1876年）主要进行了反对巴枯宁主义的斗争。巴枯宁是一个极端的无政府主义者，他反对任何权威、任何国家和政府，反对无产阶级进行政治斗争，反对无产阶级政党和无产阶级专政，主张建立一个没有任何权威、没有国家的绝对自由的“无政府状态”的社会。

巴黎公社失败以后，欧洲各国资产阶级政府对第一国际进行了疯狂的迫害，巴枯宁分子也乘机加紧分裂第一国际的活动，第一国际的处境更加困难。1872年9月，第一国际在海牙召开代表大会，把巴枯宁及其追随者开除出第一国际，并决定将总委员会迁往美国。1876年7月，第一国际在美国费城举行了最后一次代表大会，宣布解散。第一国际加强了各国工人之间的团结，宣传了科学社会主义，培养了一大批干部，为国际工人运动做出了巨大贡献。

# 三皇同盟

普法战争结束后，德国通过《法兰克福和约》对法国进行大肆掠夺，在经济和军事上削弱法国的势力，以阻止法国复兴；在外交上，俾斯麦积极拉拢英、俄、奥，孤立法国，确保德国在欧洲的地位。而法国虽然在战后大伤元气，但它并不甘心忍受割地赔款的耻辱。为了重振国力，恢复往日的霸主地位，法国政府也展开了积极的外交活动，寻找盟友，与德国抗衡。法国的活动令俾斯麦十分不安，他一方面积极准备对法国发动新的战争，另一方面加紧改善与俄、奥两国的关系。

奥地利皇族与外国显要们在 1873 年维也纳博览会上。

当时，俄国正同英国争夺在西亚和中亚地区的利益，感到有必要改善同德国的关系，以加强自己在英、俄对抗中的地位。奥匈帝国在巴尔干地区同俄国有着很深的矛盾，它惧怕德、俄联手会威胁到它在巴尔干的利益，因此，决定抢在俄国的前面与德国改善关系。1871 年 8 月至 9 月间，德、奥两国君主频频会晤，商谈结盟事宜。俄国不愿看到自己的西邻中出现一个反俄同盟，为了拆散德、奥结盟，它必须设法拉拢奥国，奥国也有意利用俄国来牵制德国。

在此情况下，俄皇决定去德国同正在德国访问的奥皇会面，而这一切正合德国的想法。于是，俾斯麦正式向俄皇发出邀请，谋划建立三国同盟，实现他孤立法国的外交战略。1872 年 9 月，三国皇帝在柏林会见，就三国间有关问题进行磋商和协调。第二年 10 月，三国皇帝在维也纳正式缔结协定，即所谓的“三皇同盟”。协定规定：当它们之间发生利益冲突时，要进行磋商，以便消除分歧；当缔约一方受到他国侵犯时，三国应互相协助，采取共同行动。“三皇同盟”虽然是君主之间达成的协定，具有旧时“神圣同盟”的色彩，但这个新神圣同盟更多的是利益上的相互利用；另外，它已不再体现欧洲大国的均势，而是完全以德国为核心。

“三皇同盟”的缔结开了欧洲政治集团的先河，是欧洲新格局的开端。

### ·奥匈帝国·

1866 年普奥战争爆发，奥地利战败，被迫退出德意志以外并同意解散德意志联邦。奥地利的势力受到严重削弱，国内民族矛盾剧烈激化。为维护帝国统治，奥地利被迫与匈牙利贵族地主妥协。

1867 年 5 月，帝国议会讨论《奥匈协定》具体条文。6 月，帝国议会与匈牙利议会达成协议，《奥匈协定》生效。

# 近东危机

1875 年 7 月，巴尔干半岛的黑塞哥维那和波斯尼亚的斯拉夫民族发起了反对土耳其奥斯曼帝国统治的起义。

俄国在巴尔干和黑海海峡有着巨大的利益，它企图利用与巴尔干的斯拉夫人同宗同族的特殊关系，在“泛斯拉夫主义”的口号下，以支持巴尔干人民反土斗争为借口，想实现自己在克里米亚战争中严重受挫的扩张计划。

1875 年 8 月，俄国外交大臣哥尔查科夫向奥国建议给波黑自治权，遭到奥国的拒绝。

此时，保加利亚也爆发了反土起义，巴尔干局势又趋紧张。1876 年 6 月底，已获得自治地位的塞尔维亚和门的内哥罗向土耳其宣战。俄奥为协调局势，于 7 月 8 日在捷克的莱希斯塔特会谈，并达成口头协议：若土耳其获胜，则不协助其成立大斯拉夫国家。显然俄国做出了让步。

1877 年 4 月 24 日，俄国对土宣战，俄土战争爆发。俄军很快攻入土耳其本土，并于第二年 1 月 20 日占领亚得里亚堡，直逼土耳其首都君士坦丁堡。奥匈帝国这时则担心俄国独占巴尔干，也改变立场，反对俄军进一步扩大战果。俄国迫于形势只好停止军事行为。1878 年 3 月 3 日，俄土双方在君士坦丁堡附近的圣斯特法诺签订和约。

19 世纪后半叶的俄罗斯在军事扩张上不遗余力，图为驻守莫斯科的兵士在练兵。

《圣斯特法诺和约》引起各国的反对，俄国陷于孤立，被迫让步。1878 年 6 月 13 日，在德国的建议下，俄、奥、英、德、法、意、土以及巴尔干各国代表在柏林集会，经过一个月的激烈争吵，于 7 月 13 日签订《柏林条约》，取代原来的俄土《圣斯特法诺和约》。《柏林条约》仍承认塞尔维亚、门的内哥罗、罗马尼亚的独立，承认俄国对土耳其和罗马尼亚部分领土的兼并；保加利亚的疆域被缩小到巴尔干山脉以北，山南的东鲁米利亚作为奥斯曼帝国的自治省，弗拉加和马其顿仍划归土耳其所有；奥匈帝国占有波黑（名义上仍附属于土耳其）；英国从土耳其手中得到了塞浦路斯岛。

柏林会议暂时解除了“近东危机”。但是，巴尔干各族人民民族解放的要求还没有彻底解决，土耳其的民族奴役还没有根除，而一些地区，如保加利亚，在“沙皇式解放”以后又沦为俄国的附庸。近东危机进一步加深了列强之间的矛盾，俄国同德、奥的关系更加恶化，而德奥关系则日益密切，“三皇同盟”走向分裂。

# 埃及抗英斗争

1856年，法国与埃及统治者赛义德签订了关于修建和使用苏伊士运河的租让合同，取得了开凿苏伊士运河的租让合同权。合同规定：埃及无偿提供开凿运河所需的土地和劳动力，自运河通航之日起，公司占有运河99年，然后交归埃及。1858年，国际苏伊士海运运河公司成立，法国购买52%的股票，因英国鼓动其他国家拒绝认购，埃及被迫购44%的股票。1859年，运河开始动工。埃及先后强征几十万劳工，因气候炎热、饮食粗劣、疾病流行，导致12万劳工丧生。

修筑苏伊士运河的工程极大地增加了埃及的财政负担，再加上其他开支，到1876年，埃及外债已达9100万英镑，仅付债息每年就耗去年财政收入的2/3。因此，埃及政府宣告财政破产，停偿债务。英、法以此为由，对埃及财政实行了共同监管。

1878年10月，英、法又直接参加了埃及内阁，操纵了埃及的行政大权。在反对“欧洲人内阁”的斗争中，埃及出现了第一个资产阶级政党——祖国党。该党由爱国军官和知识分子组成，领袖是埃及军官阿拉比。祖国党以保卫民族独立、实行宪政制度为宗旨展开斗争。

1881年9月，土耳其总督杜非克企图把具有爱国情绪的驻军调离开罗，阿拉比立即率军起义，迫使杜非克改组内阁。1882年，祖国党内阁成立，阿拉比任陆军部长。7月，英军炮轰并占领了亚历山大港，杜非克投降。此后，阿拉比领导埃及人民同英军进行了艰苦的战争。由于上层封建集团的叛变以及阿拉比军事上的失误，开罗于9月14日陷落，阿拉比兵败被俘。此时，法国身陷同德国的欧洲霸权之争以及忙于侵略摩洛哥，无暇顾及埃及，埃及最终沦为英国独占的殖民地，成为英国在非洲实现所谓的“2C计划”（从开罗到开普敦建立纵贯非洲的殖民帝国的计划）的北端战略要地。

法国为防止英国继续在非洲扩张势力，便占领了扼守红海出口的吉布提（法属索马里），企图以此为起点，建立一个由索马里到塞内加尔的横贯非洲的法属殖民帝国。1896年，法国组成远征军从法属西非向东进军，于1898年7月10日抵达尼罗河上游的法绍达村。与此同时，英军也从埃及出发，沿尼罗河上溯，于9月19日也到达法绍达村。两军对峙，互不相让，战争大有一触即发之势。但是，法国由于国内局势紧张，在欧洲又陷入困境，所以被迫对英让步，撤兵法绍达。1899年，英、法签订了划界协定，英国取得了对全部尼罗河流域的独占权。

**1869年11月的苏伊士运河通航典礼**

苏伊士运河的通航典礼是在英法两国的主持下进行的。1875年，埃及因财政困难被迫将运河股票廉价卖给英国。从此，苏伊士运河完全受英法股东的控制。

# 德奥同盟和三国同盟

结成同盟的三国君主画像

进入19世纪后期，第二次工业革命开始兴起，科学技术突飞猛进，社会生产力得到了极大的提高，人类进入了电气时代。欧洲各国的工业和经济再次跨上了一个新台阶，逐渐形成了垄断资本主义，各国开始向帝国主义过渡。但它们之间的发展是不平衡的，英、法等老牌资本主义国家发展速度较慢，而新兴的美国、德国发展速度很快，成为世界排名第一、第二的资本主义工业大国。由于帝国主义国家之间的发展不平衡，它们之间的矛盾也在加剧。各国为了自己的利益，纷纷寻找对策。

普法战争后，为了防止法国东山再起，德国首相俾斯麦勒索了法国50亿法郎的巨额赔款，并且强行割走了矿藏丰富的阿尔萨斯和洛林地区，企图让法国“流尽血”。德国凭借着这些资源和资金，迅速跃升为世界第二工业大国。但出乎俾斯麦意料的是，法国人不仅没有一蹶不振，反而恢复了元气。法国人为了报仇雪耻，在不断扩充军备的同时，还四处寻找盟友，共同对付德国。

面对法国复仇计划，俾斯麦也开始四处拉拢盟友，对抗法国。

恰好这时，奥匈帝国和俄国在巴尔干问题上发生了争吵。原来两国都对巴尔干半岛上的波斯尼亚和黑塞哥维纳地区垂涎三尺，俄国凭借着强大的实力，四处宣扬“大斯拉夫主义”（波斯尼亚和黑塞哥维纳的居民和俄罗斯人同属斯拉夫人），企图把奥匈帝国的势力排挤出去，独占巴尔干半岛。德国不愿意看到俄国过于强大，害怕它威胁到德国，再加上德国和奥匈帝国同属日耳曼民族，所以德国在巴尔干问题上支持奥匈帝国。两国联手，开始排挤俄国的势力，使俄国吞并波斯尼亚和黑塞哥维纳的计划落空。

1879年8～10月，德国首相俾斯麦与奥匈帝国的外交大臣安德拉西在维也纳秘密会谈，缔结秘密军事反俄条约——《德奥同盟条约》。这个条约的主要内容是：如果德、奥两国中一国遭到俄国的进攻，那么另一国应以全部的军事力量进行帮助；如果其中一国遭到另一个国家（暗指法国）的进攻，那么另一缔约国应对其盟国采取中立；如果进攻的国家得到俄国的支持，那么两国应动用全部的军事力量联合作战；如果遭到法国和俄国的联合攻击，那么双方则要共同作战。由此，德国和奥匈帝国正式结盟。

和奥匈帝国结盟后，俾斯麦还不放心，他总觉得力量还有些单薄，于是又把目光投向了意大利。意大利自从1870年统一后，资本主义得到了迅速发展，国家的实力迅速增强。为了扩大自己国家的产品销售市场，意大利急于开拓海外殖民地，首先看上了和自己一海之隔的北非明珠突尼斯。但法国人也想占领突尼斯，两国争执不下。俾斯麦看准了这一点，找上了意大利，表示在突尼斯问题上德国支持意大利。但紧接着他又找到法国，暗示德国不反对法国人占领突尼斯。法国于1881年出兵占领了突尼斯。当时在突尼斯有很多家意大利企业和两万意大利侨民，意大利政府早已经盯上突尼斯，不料却被法国人占领了。可是法国的实力比意大利强大，这时俾斯麦极力拉拢意大利。为了报复法国，丧失了地中海优势的意大利同德国的关系开始密切起来。

1884年柏林街头，电灯的使用使城市夜晚一片通亮。

但意大利和奥匈帝国有领土争端，两国素来不和。在德国的调解下，两国终于坐到了一张谈判桌前。1882年5月，德国、奥匈帝国和意大利三国在维也纳签订了同盟条约。条约规定，如果意大利遭到了法国的攻击，那么德国和奥匈帝国应以全部的军事力量援助；如果德国遭到了法国的进攻，那么意大利也应以全部的军事力量进行援助。如果缔约国中的一国或两国遭到了两个或两个以上的国家（暗指法国和俄国）的进攻，那么三国要动用全部的军事力量协同作战。但意大利还有一个附加条件：如果英国进攻德国或奥匈帝国，意大利则不予援助。就这样，三国同盟正式形成。

1890年，俾斯麦被迫辞职。德皇威廉二世和新任首相卡普里维抛弃俾斯麦的外交方针，全力支持奥匈帝国，对俄国采取较强硬的态度。德国与英国在东非问题上达成妥协，1890年7月，两国签订了《赫耳果兰条约》。德、英的接近，使德、俄更加疏远，加速了法国与俄国的结盟。

### ·帝国主义的发展·

垄断资本主义的经济实质就是帝国主义。垄断的产生，标志着资本主义进入了新的阶段——帝国主义阶段同自由资本主义不同，垄断资本主义最重要的政治和经济特点，是要攫取最大限度的垄断利润。因此，垄断必将导致资本输出的扩大和对海外销售市场及原料产地的控制，并因此引发资本主义国家之间的矛盾斗争。19世纪末，掀起了主要资本主义国家之间瓜分殖民地的狂潮。

# 泛美同盟

长期以来，英国控制着拉美的经济命脉。英国主要是通过贸易、贷款和投资等方式，向拉美各国进行经济渗透活动，然后攫取各种特权，尤其是19世纪60年代法国势力从拉美撤出后，英国加强了对拉美的投资，这些资金大多用于修建铁路和港口、开辟轮船航线、收购土地、开发矿山等等。通过这些方式，英国资本逐渐控制了拉美各国的农副产品加工业、采矿业以及公路、铁路和港口等。1870年，英国对拉美投资总额为8500万英镑，到第一次世界大战前夕上升为10亿英镑，成为拉美的主要投资者和债主。

美国是英国在拉美的主要竞争对手。美国在拉美的战略是将拉美构筑在“门罗主义”保护下的由美国领导的美洲体系，以此把拉美变成美国独霸的势力范围。美国内战结束后，国内的垄断资本占据了统治地位，使得寻找海外贸易和投资市场成为迫切的要求。1873年，美国发生经济危机，为了渡过危机，美国各地开始泛滥向海外扩张的思潮，向海外扩张的目标中就包括拉美在内。

1889年10月2日至1890年4月19日，美国邀集拉美各国在华盛顿召开泛美会议。当时美国对拉美的贸易由于受到英国的排挤而出现逆差。因此，扩大美国在拉美的市场和维持有利于美国的贸易平衡，成为美国召开这次会议的主要目标。另外，从长远看，美国想打出泛美主义的旗帜，把拉美各国操纵在美国手里。会议的中心议题是建立美洲关税联盟和美洲仲裁法庭。会后，成立了“美洲共和国国际联盟”（后改称“泛美同盟”），由美国国务卿任永久主席。

从此，美国以泛美主义为武器，向拉美进行政治干涉和经济渗透活动。

1886年10月，约100米高的自由女神像在人们的欢呼声中屹立于纽约港内。

# 三国协约的缔结

1890 年 3 月，俾斯麦辞职后，德皇威廉二世放弃了俾斯麦的拉拢俄国以孤立法国的策略，结果把俄国推向了法国的怀抱。

法、俄两国在政治上有着共同的利益，他们都担心德国势力过于强大，法国希望在德法战争中能够得到俄国在东线的支援，而俄国也希望法国能策应它同奥国争夺巴尔干。

两国在经济上往来也日益密切。自 1888 年以来，法国连续向俄国提供贷款，到 1889 年底，俄已欠法国贷款达 26 亿法郎，而此时德国却拒绝向俄提供任何贷款。这样，俄国在财政上对法国的依赖加深了。

1890 年 7 月，德、英签订《赫尔果兰条约》，在东非问题上达成妥协。这个条约使法国感到孤立，于是加速了同俄结盟的步伐。1891 年 5 月，德、奥、意第三次续订三国同盟。6 月，意大利首相在宣布三国同盟续订的消息时，提到英、意、奥的《地中海协定》，法国因此怀疑英国也参加了三国同盟，于是决定采取外交行动。8 月，法、俄以外交信函的形式，订立了《政治协定》，确定在有可能受到攻击的情况下，两国应就形势和所采取的措施“互致谅解”。第二年 8 月 17 日，法、俄又签订了秘密的《军事协定》。协定规定：如果奥国或意大利在德国支持下进攻法国，俄国应全力进攻德国；如果德国或奥国在德国支持下进攻俄国，法国

德皇威廉二世肖像，完成于 1890 年。就在这一年，他迫使俾斯麦辞职。

俄国沙皇尼古拉二世与他的儿子亚力克塞

应全力进攻德国；如果三国同盟国家动员其军队，法、俄两国无须协商便立即动员其全部军队开赴边境；法国用于对付德国的军队应为 130 万人，俄国用于对付德国的军队应为 70 ~ 80 万人；双方不得单独媾和，不得泄露协定秘密；协定的有效期与三国同盟条约的有效期相同。

与此同时，出于对德国势力日益膨胀的畏惧，英国感到自己的地位受到越来越大的威胁，它决定放弃传统的“光荣孤立”政策，开始向法俄靠拢。

1904 年 4 月，英国和法国签订了瓜分殖民地的协约。这个协约的主要内容是：法国不干涉英国在埃及的行动，英国承认法国在摩洛哥有维护安宁和协助改革的权利；划定两国在暹罗（即今天的泰国）的势力范围：以湄公河为界，西半部是英国的势力范围，东半部是法国的势力范围；法国放弃在纽芬兰独占的捕鱼权，英国则让给法国西非一些殖民地。同时，秘密条款还规定，双方政府之一如为“情势所迫”，也可变更埃及或摩洛哥的现状。

但是自由贸易、自由通行苏伊士运河、直布罗陀海峡南岸禁止设防等原则仍继续维持。通过协约，英法两国的矛盾解决，双方利益趋向一致。

此后，英俄为了对付共同的对手德国，也开始调整相互之间的关系，1907 年 8 月，英国和俄国在彼得堡签订了分割殖民地的

19 世纪末的法国经济持续发展，城市景象较为繁荣。

## ·第一次摩洛哥危机·

1905年，德法两个帝国主义国家为争夺摩洛哥而发生了战争危机。1904年《英法协约》签订，英国和法国在有关埃及和摩洛哥问题上达成默契，法国对摩洛哥的支配权得到了英国的认可。1905年，德国政府宣布，不承认法国对摩洛哥的占领，要求召开国际会议，重新审议英法两国关于摩洛哥的协定。法国拒绝了德国的要求，并派军舰到丹吉尔港示威。国际形势顿时紧张，出现了第一次摩洛哥危机。1906年1月至4月，西方列强举行解决摩洛哥危机的国际会议。在出席会议的14个国家中，只有奥匈帝国支持德国，其余各国包括英、美、俄等国在内，都站在法国一边。德国在国际上陷于孤立境地。

协定。这个协定的主要内容是：划定波斯（即今天的伊朗）东南部为英国的势力范围，北部为俄国的势力范围，两者之间是一个中立地带，对英俄两国平等开放；俄国承认阿富汗在自己势力范围之外，并承允英国代替阿富汗的外交。英国则声明不变更这个国家的政治地位。

《英俄协约》虽然没有明确规定军事同盟义务，甚至还打着“维护和平”的幌子，但实际上也是为了加强掠夺殖民地和准备帝国主义战争而签订的。

在《俄法协约》和《英法协约》的基础上，1907年《英俄协约》的签订，标志着和三国同盟对抗的另一个帝国主义军事集团——英、法、俄三国协约的最后形成。

“三国同盟”与“三国协约”形成之后，两大集团之间互相竞争，最终导致了第一次世界大战的爆发。

# 朝鲜甲午农民战争

19 世纪 70 年代，日本将侵略的魔掌伸向了朝鲜。朝鲜政府在日本军国主义的武力威胁之下，被迫和日本签订了所谓《朝日友好条约》，即《江华条约》。

《江华条约》严重地破坏了朝鲜主权，朝鲜开始沦为日本的半殖民地。

在日本资本主义与本国封建主义的双重残酷压榨下，朝鲜各地接连举行反对日本侵略者和封建统治者的起义，1882 年 8 月下

19 世纪初朝鲜的官员与侍者在一起。

甸，在闵妃集团的请求下，清政府派遣军队镇压了起义，并拘捕了大院君，闵妃集团得以重新执政。

鸦片战争后，清朝政府在邻国的威信逐渐下降。《江华条约》订立后，朝鲜一部分贵族青年知识分子和官吏对欧洲和日本开始有所了解。他们觉察到清朝政府的腐败无能，对清军进驻朝鲜干涉内政深为不满。

壬午兵变后，开化派发起的改良运动得到蓬勃发展，开化派和闵妃集团守旧派的斗争日益尖锐。日本侵略者利用朝鲜的民族矛盾，企图在朝鲜建立亲日政权，而开化派也正寻求日本政府的帮助。1884 年（甲申年）12 月 4 日，开化派借庆祝邮政局落成的机会，与日本公使竹添进一郎共同策划政变。开化派依靠日本军队，杀死守旧派的主要官员。并于第二天挟持国王，组成新政府，宣布同清政府断绝外交关系。

6 日晨，新政府发表政治纲领，提出废除门阀、革除冗官、惩处奸吏、四民平等、改革租税、整编军队、限制国王和宫廷权力等条款，但由于缺乏具体措施，没有得到人民群众的支持。下午，清军应闵妃集团的请求入宫，与日军展开激战。日本公使见形势不利，率军逃跑。洪英植等被清军杀死，金玉均等亡命日本。至此，开化派举行的甲申政变宣告失败。

1893 年，朝鲜发生大灾荒，饥民遍野，百姓流离失所，而贪官污吏和土豪劣绅却趁机压榨人民。全罗道古阜郡守赵秉甲漠视人民疾苦，非法征收水税和杂捐。赵秉甲的残暴行为激起农民极大的愤怒。

1894 年 1 月 15 日，古阜、泰仁一带一千余农民在东学道首领

表现日本军队侵略朝鲜的版画

全琫准领导下举行起义。起义者攻占古阜郡城，占领武器库，惩处贪官污吏，释放囚犯，开仓分粮，烧毁土地文契，附近的村民纷纷响应。3月，攻下要地长白山，整顿了队伍，共推全琫准为总大将，明确提出了“辅国安民”“逐灭倭夷”“尽灭权贵”的斗争纲领。4月，义军攻下南方重镇全州，锋芒直指汉城。朝鲜统治者向清政府求援，并被迫接受了起义军提出的12项要求。

1894年6月，清军在牙山登陆。日本以清军登陆为借口，立刻派军队于7月6日在仁川登陆。7月23日，日军占领汉城后，立刻发动宫廷政变，组成了以金弘集为首的亲日派政府。亲日政府同日本签订了《朝日暂定合作条款》和《朝日攻守同盟条约》，宣布驱逐清军，把清政府在朝鲜的一切权限“委托”给日本。7月

25日，日本对中国不宣而战，中日甲午战争爆发。此后，起义军的斗争锋芒转向日本侵略者。9月末，在全罗道集结的起义军达十余万人，士气极为振奋。义军准备北进，直取汉城，驱逐日军，推翻傀儡政府。

然而，在这一关键的时刻，起义军领导集团却发生了分裂。10月间，起义军进入忠清道首府公州，先头部队接近汉城。经过6天激战，最后起义军失败。11月下旬，在论山战役中，起义军与敌人血战11天，因力量对比悬殊，又遭到了严重损失，被迫分散成小股部队转战于全罗道和忠清道。

全琫准率领一部分军队转战到全罗道淳昌一带，准备重新集结力量继续战斗，但由于叛徒告密而被俘。1895年3月11日全琫准慷慨就义。威震全国的甲午农民战争在日本侵略者等的联合镇压下以失败告终。

### ·《江华条约》·

1875年9月，日舰“云扬号”驶入朝鲜的江华海峡，制造了所谓“云扬号”事件。次年2月，日军又侵入江华岛，强迫朝鲜签订“友好”条约。当时在位的闵氏集团被迫与日本侵略者签订了所谓的《日朝修好条规》，即《江华条约》，接着又签订了《朝日修好条规附录》《朝日贸易规则》等。按这些条约规定，除釜山外，朝鲜再向日本开放仁川、元山两港；朝日“自由”通商，日货免纳关税，日币在朝鲜各通商口岸可以自由流通，等等。《江华条约》是殖民主义者强加给朝鲜的第一个不平等条约。

# 越南抗法斗争

1802年，越南建立了阮氏王朝。阮氏王朝为了巩固封建统治，加强中央集权，把全国分为南、北、中三圻，定都顺化；任命武官为地方长官，对农民起义较多的地区和战略要地都驻兵镇守，并以严酷的刑律统治人民。由于阮氏王朝派往各地的官吏大肆欺压、掠夺人民，所以从阮氏王朝初建时起，人民起义就不断发生。到19世纪中叶，阮氏王朝的封建统治已面临严重的危机。

在这种背景下，法国殖民者加快了侵略越南的步伐。19世纪40年代，法国不断派炮舰侵犯南圻的土伦、西贡等地。1860年底，法国又一次派兵进攻南圻。1861年春，法国侵略军占领了定祥、嘉定、边和三省。尽管南圻人民奋起抗战，但阮氏王朝竟采取屈膝投降的政策，于1862年同法国签订了丧权辱国的第一次《西贡条约》。条约规定割让嘉定、边和、定祥和昆仑岛给法国；开放土伦、巴叻、广安三港为商埠；越南必须通过法国才能与其他国家办理交涉等。从此，法国开始控制越南的内政外交，《西贡条约》标志着越南沦为法国殖民地的开端。

1874年，法国又以武力强迫越南签订第二次《西贡条约》。这次条约的签订是法国侵占整个越南的一个很重要的步骤。1883年8月，法国殖民者又迫使阮氏王朝签订《顺化条约》，确定法国对越南的保护权。1885年中法战争结束后，清政府在同法国签订的

越南人民与清军一同抗击法国殖民者的图画

《天津条约》中，承认了法国对越南的统治。至此，越南完全沦为法国的殖民地。

为了巩固它在越南的殖民统治，法国采取“分而治之”的政策，在南、中、北圻分别建立了不同形式的殖民统治制度，南圻划为“直辖领地”，废除原有机构，由法国总督直接统治。

在加强政治统治的同时，法国殖民者在经济上也对越南人民加紧了残酷的掠夺与剥削，其主要方式是掠夺土地、征收重税等等。处于水深火热中的越南人民接连掀起反法斗争。勤王运动和农民游击战争是这个时期抗法斗争的主要内容。

1885年7月，阮氏王朝大臣尊室说在顺化发动起义，袭击法国侵略军。咸宜帝号召“文绅”勤王，史称“勤王运动”。1885～1896年，各地爱国文绅和封建官吏纷纷响应，从北圻的兴安、清化到中圻的广治、平定，勤王起义持续不断，沉重地打击了法国侵略者，直到19世纪末，起义才被法国镇压下去。勤王运动虽然是封建士大夫阶层领导的民族运动，但它是20世纪初越南资产阶级民族民主运动的先声。

# 美西战争

19 世纪末，美国的工业产品的产量已大大超过国内需求，这就注定美国要去争夺世界领土。但是，当美国登上了争夺殖民地的舞台时，世界领土已基本上瓜分完毕。美国垄断资本家便决定首先夺取西班牙在拉丁美洲和亚洲最后两块较大的殖民地——古巴和菲律宾。

对美国来说，这两个地方不仅可作为市场和投资场所，还可以

在美西战争中，美国以其强大的海军力量在马尼拉湾重创西班牙舰队，从而登上了争霸世界的舞台。

作为通往拉丁美洲、进一步侵略中国及远东的战略据点。当 1895 年古巴人民再次掀起独立战争、1896 年菲律宾爆发革命时，美国趁机发动了对西班牙的战争。

1898 年 1 月，美国借口“保护侨民”的安全，派战舰“缅因”号驶往哈瓦那。25 日，该舰突然爆炸，美国以此事为借口，对西班牙宣战。美军的作战目标极为明确，依靠强大的海军力量，先突袭菲律宾的马尼拉海湾，再打击古巴西军，从而占领拉丁美洲及亚洲的西属殖民地。

1898 年 5 月 1 日凌晨，美海军上将乔治·杜威率领舰队，乘着黎明前黑暗的掩护，率领舰队突然驶进马尼拉湾。西班牙要塞哨兵发现后开炮轰击，但均未命中。美随即进行还击，停泊在港湾的西班牙舰队，慌乱中组织反击，但有的舰船还未起锚就被

### ·美国的两党制·

民主党成立于 1828 年，代表北方工业资产阶级的利益；共和党成立于 1854 年，代表南方奴隶主的利益。内战以前，双方在奴隶制等问题上尖锐对立。内战后，共和党长期执政，变成大工业家和银行家的政党；民主党则变成资产阶级化了的南方大农场主、富农和南方资产阶级的政党。美国向帝国主义过渡的时期，两党差别逐渐消失，都代表垄断资产阶级的利益，对外进行扩张。在垄断资产阶级的支持下，美国形成两党制，共和党和民主党轮流执政、垄断政权，使其他政党没有上台的机会。两党制对协调美国社会矛盾与利益冲突，维系美国资产阶级民主政治的运作发挥了重大作用。当然，其实质仍是美国资产阶级专政的工具。

**美军正在猛攻被困在孤岛上的西班牙军队**
美西战争是世界进入帝国主义时代的标志，此后美国迅速上升为世界主要强国之一。

击沉。要塞上的炮火虽然猛烈，但命中率却低得可怜。杜威命令美舰队火力集中向西班牙的旗舰猛攻，7时许，旗舰被击沉。失去指挥的西班牙舰队更是乱作一团。中午，西班牙舰队遭到全歼，马尼拉湾被美军封锁，西班牙在太平洋的制海权落入美军手中。马尼拉突袭成功，极大地鼓舞了美军。6月，美国打着“帮助古巴独立”的旗号，计划从圣地亚哥港登陆。此时的古巴，反西民族革命全面爆发，西班牙军队大多被古巴革命牵制。西军利用圣地亚哥港呈瓶状，出入狭窄，易守难攻的地形优势，用军舰和水雷在港口构筑了严密的防线，使美军无法前进一步，只好将出口紧紧围住。

为迫使西军接受海战，美军对周围地形作详细侦察后决定，海军陆战队从港口东面不远的关塔那摩湾强行登陆，从陆上对圣地亚哥港形成包围之势。6 月 10 日，600 名海军陆战队人员出发。虽然关塔那摩湾防守相对较弱，但仍遭到西军的顽强阻击，美军伤亡重大。防线最终被突破，美军成功登陆。7 月 1 日，美陆战队先后攻占了圣地亚哥港东北部和东部的据点埃尔卡纳和圣胡安，形成了对圣地亚哥港的包围之势。陆上的攻势给停泊在圣地亚哥港内的西班牙舰队造成严重威胁。7 月 3 日，他们开始试图冒险冲破美军的封锁。上午 9 时许，3 艘巡洋舰和 2 艘驱逐舰在玛丽亚·特雷莎号旗舰的率领下率先冲出，严密封锁港口的美军集中火力向港口发射，西舰船逐一被击沉。这次海战不到 3 小时就宣告结束。7 月 17 日，圣地亚哥守兵投降。8 月 12 日，美军趁势攻占了波多黎各岛。8 月 13 日，在菲律宾人民起义军的配合下，美陆军攻占了马尼拉市，西班牙在殖民地的力量被美军彻底歼灭。12 月，美、西在巴黎签订和约，和约规定：西班牙放弃古巴的主权，西班牙撤军后古巴由美军占领；菲律宾、波多黎各、关岛让给美国；美国付给西班牙 2000 万美元作为“补偿”。这个条约是一个重新分割世界的条约，是对菲律宾和古巴主权的粗暴践踏。美西战争是帝国主义重新瓜分殖民地的第一次战争。美国从此作为一个帝国主义大国，登上了争霸世界的舞台。

1898 年 6 月，美国军队在古巴登陆。

# 菲律宾革命

菲律宾于1565年沦为西班牙的殖民地。19世纪中期，菲律宾开始卷入世界市场，成为欧美列强的商品销售市场和原料产地。随着社会经济的发展，菲律宾的社会阶级结构发生了变化。19世纪六七十年代，菲律宾民族资产阶级开始形成。

传统的菲律宾人以种植稻米为生，自给自足地过日子。

1892年7月，以安德烈·旁尼发佐为首的资产阶级激进派不满黎萨等人的改良主义立场，在马尼拉创立秘密团体“卡蒂普南”（即人民儿女最高尚的、最尊贵的联合）。1896年8月，卡蒂普南的组织和作战计划被殖民当局获悉，殖民当局立即搜捕和屠杀革命者。在此紧急情况下，旁尼发佐提前起义。8月24日，旁尼发佐在马尼拉近郊的巴林塔瓦克镇发出了武装起义的号召，马上得到了各地卡蒂普南的响应和人民群众的热烈支持。

1897年3月23日，卡蒂普南在特黑洛斯召开大会，阿奎那多控制了大会局面，大会做出成立新政府代替卡蒂普南的决定，并选举阿奎那多为新政府总统。会后，旁尼发佐宣布不承认这次选举和会上所作的任何决议。阿奎那多便以阴谋推翻合法总统的名义绑架并杀害了旁尼发佐。

旁尼发佐被杀和卡蒂普南组织遭到破坏，使革命力量遭受了严重损失。正值此时，西班牙总督里维尔率领军队向革命军队反扑，同时又许一些“诺言”，引诱阿奎那多投降。阿奎那多在西班牙殖民者的威胁利诱之下向敌人投降。1898 年 4 月，美西战争爆发。美国一面派军舰到马尼拉湾；一面派领事和军事特使与阿奎那多进行秘密谈判，谎称支持菲律宾人民反对西班牙的民族独立战争。5 月 1 日，美国海军在马尼拉湾大败西班牙舰队。5 月末，阿奎那多乘美国军舰回到菲律宾。6 月 12 日（今菲律宾国庆日），阿奎那多在甲米地发表独立宣言，成立了革命政府。在独立宣言的鼓舞下，菲律宾革命军连连告捷。到 8 月，除马尼拉和南部某些地区外，几乎全部领土都摆脱了西班牙的统治。1898 年 9 月 15 日，菲律宾召开革命议会，制订了宪法。1899 年 1 月，议会正式宣告菲律宾共和国成立，阿奎那多任总统。菲律宾共和国的成立，标志着西班牙在菲律宾 300 多年的殖民统治结束。

正当菲律宾人民反对西班牙的革命斗争取得了决定性胜利的关键时刻，美国撕去了“盟友”的假面具，强行占领了马尼拉。美国以 2000 万美元的代价从西班牙手中取得了控制菲律宾的大权。

1899 年 2 月 4 日，美国侵略军向驻在马尼拉附近的菲律宾革命军发动突然袭击。2 月 5 日，菲律宾共和国正式向美国宣战。由于叛徒的出卖，菲律宾人民的抗美战争最后以失败告终，菲律宾沦为美国的殖民地。

# 英德在南非的冲突

为实现“2C 计划”，英国继占有开普敦和纳塔尔之后，又图谋布尔人建立的奥兰治自由邦和德兰士瓦共和国。但是，英国在南非却遭到德国的挑战。1884 年，德国夺取了西南非洲（今纳米比亚）和非洲中部的多哥、喀麦隆。1885 年，又占领了坦噶尼喀（德属东非）。不久，又相继占领了卢旺达、布隆迪。德国企图沿

### ·埃塞俄比亚抗意战争·

1889 年 5 月，埃塞俄比亚同意大利签订了《乌查利条约》。其中第十七条规定埃塞俄比亚在与其他欧洲国家交往时，“可以”请求意大利协助。但意大利故意将“可以”改为“同意”，进而曲解为“必须”。1890 年，意大利据此宣布对埃塞俄比亚实行“保护”。1895 年又对埃塞俄比亚发动了大规模的侵略战争。这年 9 月，孟尼利克二世发表《告人民书》，表示要抗敌卫国。1896 年 3 月，埃塞俄比亚人民取得了阿杜瓦会战的胜利，意大利侵略军伤亡 1.1 万人，4000 人被俘。意大利被迫在 10 月缔结和约，承认埃塞俄比亚是独立的主权国家，并给予赔偿。埃塞俄比亚抗意卫国战争的胜利，是非洲军队第一次击败占优势的帝国主义军队。它保卫了民族独立和国家主权，鼓舞了非洲人民的反帝斗争。

赤道占领东西非洲，这样一来，就与英国的计划发生了冲突。1890年德、英签订条约，双方划分了在东南非的势力范围，德国取得坦噶尼喀；英国获得肯尼亚和乌干达。但条约并未最终制止两国的争夺。90年代初，英国占领了贝专纳（今博茨瓦纳），并支持殖民主义分子罗得斯组成远征军侵占了尼亚萨兰（今马拉维）、赞比亚和罗得西亚（今津巴布韦）。德国则同德兰士瓦签订商约，控制了该国的全部对外贸易。

1894年德兰士瓦又准许德国在该国境内修筑铁路。1895年1月，两艘德国军舰进入莫桑比克的德拉戈阿湾向英国示威，德国政府公开表示要充当布尔人的保护人，支持德兰士瓦对英采取强硬态度。这年年底，800名英军入侵德兰士瓦，但被布尔人击退。德皇威廉二世立即向德兰士瓦总统克鲁格致电，表示祝贺。英国认为德皇这一举动是一种挑衅行为，英、德关系骤然紧张。1898年，英、德签订了分割葡属非洲的条约，两国关系才告缓和。由于德国中断了对布尔人的支持，英国才得以在1899年发动了对德兰士瓦的“英布战争”。

这是一幅出自东非艺术家之手的绘画，描述了武器装备极其原始的武士与德国军官率领的全副武装的雇佣军人（也是黑人）厮杀的场面。地点在德国保护国坦噶尼喀。

# “门户开放”

执行“门户开放”政策的美国总统威廉·麦金莱，他于1901年被刺身亡。

19世纪末，尤其是在1895年中日甲午战争之后，远东的政治格局急剧变化，列强在中国的均势被打破，从而掀起了瓜分中国的狂潮。其中，俄国独占了中国东北；日本取得“台湾”和澎湖之后，又把福建置于它的势力范围之内；德国强占了胶州湾，把山东变为其势力范围；法国强行租借了广州湾，其势力范围遍及滇、粤、川等地；英国租借了九龙和威海卫，并宣布长江流域为它的势力范围。列强们瓜分中国的狂潮无法止步，中国面临亡国的危险，而列强之间的矛盾也越演越烈。

西方各国在各自的势力范围内大都实行排他性殖民政策，这严重损害了因忙于美、西战争而未能在中国占有一席之地的美国的商业利益。尤其是俄国封锁了中国东北市场，不准美国商品和资本进入，为此美国耿耿于怀。虽然当时美国的对中国贸易总额并不是很大，但垄断财团早就看中了中国市场的潜在价值，它们向政府施加了强大压力，要求政府采取行动。当时，英国出于自身利益，也向美国建议以“门户开放”原则来规范各国的对中国贸易，协调各国在中国的商业利益。在这种背景下，美国国务卿约翰·海于1899年9月6日向英、法、德、俄、日、意等国递交了一份照会，美国承认各国在中国的“势力范围”和夺得的特权；同时要求在各国的租借地和势力范围内，美国享有均等的贸易机会；要求中国内地全部开放，使帝国主义国家都享有投资权力。美国提出该政策的目的是企图通过“机会均等、利益均沾”手段，缓和列强争夺中国的矛盾，防止列强瓜分中国，以使整个中国市场对美国商品自由开放，从而渗透其侵略势力。

第二年7月3日，美国又发出第二封照会，除重申“平等公平贸易”原则外，还提出要“保全”中国的领土和行政完整。两次照会组成了美国对外政策的“门户开放”原则，这个原则的内容与旧殖民主义的根本区别在于：①反对以武力征服的方式从空间上对殖民地实行独占，主张建立“无边界”的殖民体系；②反对对殖民地实行直接统治，而提倡保留殖民地原有的行政实体，实行间接统治；③反对垄断式的保护主义，主张“门户开放”，实行“公平”的自由贸易竞争。

这样，“门户开放”原则实质上全盘否定了旧殖民主义赖以存在的基础，构筑了新殖民主义的框架体系。英国首先支持美国该政策，其他国家也先后表示同意。第二次世界大战后，美国在中国的独占地位已经形成，才放弃此政策。

# 戊戌变法

康有为

西方资本主义的入侵，一方面破坏了中国的封建经济，使中国面临民族危机；另一方面也促进了中国商品经济的发展。资本主义就在这样的背景下，在中国古老的土地上畸形地成长起来。中国人也从此开始了探索现代化的道路。

19 世纪 60 年代是洋务运动的第一阶段，重点是建立近代军事工业，目的是加强清政府的军事力量。当时兴办的重要企业有安庆军械所、江南制造总局、金陵制造局、天津机器局和福建船政局等。70 ~ 90 年代为洋务运动的第二阶段，重点是筹建海军和围绕军事工业而建立民用企业，主要有轮船招商局、开平煤矿、唐胥铁路、汉阳铁厂、漠河金矿和湖北织布局等。洋务运动具有浓厚的封建色彩，目的是强化封建专制，但又带有资本主义性质。由于受到国内封建势力的束缚和外国资本的排挤，中国民族资本主义工业的发展举步维艰。

19 世纪末，中国面临被西方列强瓜分的危险，民族危机异常严重。1894 年，日本发动了侵略中国的甲午战争，中日双方在黄海海面、辽东半岛和威海卫进行海陆战争，中国的北洋舰队在日本海军的进攻下遭到惨败。1895 年，中日签订《马关条约》，中国被迫承认日本对朝鲜的控制，并割地赔款。日本的侵略引发了列强新一轮瓜分中国的高潮。中国就在这种背景下，又开始了新的现代化探索与尝试。

甲午战争后，中国的先进知识分子开始注意吸收西方先进的思想和文化，其中较为杰出的人物是严复。他于 1898 年翻译出版了赫胥黎的《天演论》，用进化论启发国人争取实现现代化发展的决心和热情。他把西方的天赋人权观和议会民主政治介绍到中国来，从而为维新变法运动做了舆论准备。

由康有为和梁启超等人领导的戊戌变法运动是一场资产阶级政治运动。维新派主张政治上实行君主立宪制，经济上实行有利于民族资本主义发展的政策。变法虽然失败了，但是它把中国的反封建斗争提高到变革体制的高度，为以后的资产阶级民主革命打下了良好的基础。

戊戌变法失败后，帝国主义列强又加快了瓜分中国的步伐。在民族危亡的关头，中国又爆发了反帝爱国的义和团运动，给了帝国主义以沉重的打击。为此，西方列强组成八国联军公然入侵中国，于 1900 年 7 月攻陷天津，8 月又占领北京，义和团运动在中外反动势力的联合绞杀下失败了。1901 年 9 月，列强迫使清政府签订了《辛丑条约》，中国到了亡国的边缘，中国人民又到了重新选择救亡图存的道路的关键时刻。在这种背景下，孙中山的民主革命思想应运而生，由他发动和领导的资产阶级民主革命拉开了中国革命新的一幕。

# 第二国际

德国修正主义者伯恩施坦

巴黎公社革命失败以后，第二次科技、工业革命及资本主义经济迅猛发展。随着国际工人运动的高涨、马克思主义的广泛传播和各国工人政党的建立，各国工人阶级要求加强国际联系和团结的愿望日益迫切。在这种情况下，马克思主义者于 1889 年 7 月 14 日，在巴黎召开了国际工人代表大会，通过了《国际劳工立法》草案和关于《庆祝“五一节”的决议》，这次会议被公认为是第二国际的成立大会。

第二国际是第一国际的持续和发展。第二国际的活动方式也以召开代表大会为主。第一国际与第二国际的差异在于：第一国际实行较紧密的民主集中制，第二国际则是一个无中央机构的松散的组织，它无纲领、无章程、无机关报、无纪律。1900 年建立的社会党国际局只是各国党的通讯和组织中心，各国党都有自己的独立性。

为了引导工人运动走上正确的斗争道路，第二国际从成立到 1896 年的伦敦代表大会，一直进行着反对无政府主义的斗争。第二国际在前期的活动中基本上遵循了马克思主义路线，表现在：促进更多的国家建立了工人政党；推动各国工人进行议会斗争并取得很大胜利；推动各国工人运动进一步发展。

在19世纪末，由于资本主义已经发展到帝国主义阶段，而马克思、恩格斯又先后去世，有许多新问题、新情况出现了，工人运动中的许多理论家试图从理论上进行探索。1899年，伯恩施坦发表了《社会主义的前提和社会民主党的任务》一书，系统地阐述了他的修正主义思想体系。伯恩施坦在“发展和完善”马克思主义的名义下，提出要使马克思主义“适应”新的政治和经济形势的观点。在哲学方面，他宣扬庸俗进化论和折中主义，对革命的辩证法予以否定，认为唯物史观既“自相矛盾”又“缺乏根

### ·国际劳动节·

国际劳动节是全世界无产阶级和劳动人民团结战斗的节日。1866年，第一国际日内瓦支部提出了“8小时工作制”的口号。1884年，美国进步工人组织通过要求为实现8小时工作制而斗争的决议，得到各地工人的热烈支持和响应，决定在1886年5月1日举行大罢工。这天，芝加哥、底特律、纽约等城市举行罢工和示威游行。芝加哥20多万工人走在斗争的最前列，经过流血斗争，终于获得8小时工作制的权利。美国工人的斗争得到了国际无产阶级的有力声援。1889年7月14日，在巴黎第二国际成立大会上，为纪念美国工人“五·一”罢工，推进各国工人的斗争，增强无产阶级国际主义团结，通过一项决议：在每年的5月1日，组织大规模的示威游行，并把这天定为“国际示威游行日”。从此，5月1日成为全世界无产阶级和劳动人民团结战斗的节日。

1906 年 3 月发生在法国多佛尔的矿工大罢工。第二国际期间，多次爆发无产阶级的罢工运动。

据”。在政治经济学方面，他认为剩余价值学说只不过是“以假设为根据的公式”，垄断组织的出现可以使经济危机消除。在科学社会主义方面，他美化资本主义，反对暴力革命和无产阶级专政，认为只要反对暴力革命和无产阶级专政，只要坚持渐进的、和平改革的策略，就可以促使资本主义和平进入社会主义，并提出“最初的目的是微不足道的，运动就是一切”。修正主义出现后，得到英国费边社分子、俄国经济派、法国米勒兰派等的支持，并迅速发展成国际思潮。

修正思想的出现，引起了工人队伍在思想上和理论上的混乱，并引起第二国际内部的激烈斗争。1900 年 9 月，第二国际在巴黎召开第五次代表大会。与会代表围绕“米勒兰入阁”问题展开了

## ·法国工人党·

法国工人运动史上第一个无产阶级政党。1879年在马赛举行的法国全国工人代表大会上，通过了成立法国工人党的决议。随后，盖德和拉法格在马克思的亲自指导下制订了党纲，并于1880年在哈弗尔代表大会上通过，称为《哈弗尔纲领》，法国工人党正式成立。纲领规定：必须建立无产阶级政党，进行革命斗争，推翻资产阶级统治，实现生产资料社会化，建立社会主义社会。不久，党内出现盖德派和可能派的斗争。在1882年的圣太田代表大会上两派正式分裂，盖德派保留了法国工人党的名称。1889年法国工人党参与了筹建第二国际的工作，并支持和领导了法国工人的几次大罢工。1893年的议会选举中法国工人党取得了可观的票数，此后，工人党更加注重议会斗争。1901年，法国工人党与革命社会主义党、革命共产主义同盟联合组成法兰西社会党。

激烈争论，争论的结果导致左、中、右三派的形成。米勒兰是法国独立社会主义联盟的成员，他于1899年加入资产阶级内阁，任工商部长。以伯恩施坦、饶勒斯为代表的修正主义者支持米勒兰入阁，宣称此举只是无产阶级夺取政权的第一步，称为“入阁派”。卢森堡、盖德等对社会主义者入阁表示反对，他们坚持传统的暴力革命和无产阶级专政的主张，称为“反入阁派”。第二国际领导人考茨基提出“橡皮决议案”，声称社会主义者加不加入资产阶级内阁“只是一个策略问题，不是一个原则问题，国际大会对此不必有所表示”。“橡皮决议案”只是暂时防止了国际分裂，同时肯定了米勒兰入阁行为，这为以后第二国际的分裂埋下了种子。

# 俄日美在远东的竞争

俄国在 17 世纪就开始对中国进行侵略活动。到 19 世纪末已把原属中国的 150 多万平方千米的土地并入了自己版图。

日本是新兴的帝国主义国家，19 世纪 70 年代开始对外扩张，1872 年侵占了琉球；1874 年侵略中国的台湾，最终以失败告终；1875 年又入侵朝鲜，取得开放港口和领事裁判等特权。1885 年，日本迫使清政府订约，使日本在朝鲜取得了与中国同等的权利。当时英、美等国企图利用日本排挤俄国在中国和远东的势力，在英、美的支持下，日本于 1894 年 7 月 25 日发动了侵略中国和朝

**李鸿章与伊藤博文签订《马关条约》图**

1895 年 4 月，在日本马关（今下关）的春帆楼内，中日两国代表进行停战谈判，签订了《马关条约》。

鲜的中日甲午战争。清政府战败后，于第二年被迫同日本签订了《马关条约》，根据《马关条约》的规定，中国割让辽东半岛、台湾、澎湖列岛给日本；赔款白银2亿两；长沙、重庆、苏州、杭州开放为商埠，允许日本资本家在通商口岸开设工厂；承认日本对于朝鲜的控制。此外，为了保证中国履行条款，日军暂时占领威海卫。

甲午战争彻底暴露了清帝国的虚弱本质，各国不再有任何顾忌，立即掀起了瓜分中国的狂潮。《马关条约》中辽东半岛割让给日本的条款极大地触怒了俄国，俄国联合德、法两国威逼日本放弃对于辽东半岛的占领。1896年，李鸿章在莫斯科与沙皇政府代表签订了《中俄密约》，这是一份以同盟面貌出现的条约，俄国以“还辽”功臣自居，独霸了中国东北，而后取得了修筑东清铁路（后改称中东铁路）以及在铁路沿线的行政、驻兵、司法、采矿及贸易等权利。1897年11月，德国以武力占领胶州湾，次年3月强行“租借”胶州湾，租期为99年，进而把山东全境变成它的势力范围。俄国势力的加强使日本更加向英、美靠拢，因此，在远东已形成俄、法、德为一方和日、美、英为另一方的对立格局。

美国在亚洲、太平洋也有着重大利益，1895年以来，美国对中国贸易增长很快，对中国投资也已起步。但是，俄国对中国东北的控制使美国面临失去重要的中国市场的危险，美国国内许多垄断财团纷纷要求政府采取措施，以便打开中国市场。当时，美国主要是利用日本来同俄国对抗，然后从这种“均势”政策中获取自己的利益。

# 英对印度的殖民统治

19世纪末，随着英国对世界工业垄断地位的丧失，英国殖民者对其最大的殖民地印度的殖民掠夺更加疯狂了。这一时期，英国殖民者除了继续依靠军事政治权力对印度人无情搜刮、扩大商品倾销、加紧掠夺粮食原料之外，资本输出已逐渐成为主要的剥削手段。

在农业方面，英商经营着各种水利工程和茶叶、橡胶等种植

1876 ~ 1878年西印度饥荒中的饥民，在英国殖民者的残酷压榨下，数百万印度人丧失生命。

### ·印度国大党·

代表印度资产阶级和地主利益的民族改良主义政党，全称印度国民大会党。英国殖民官吏休谟于1885年12月28日在孟买所创，主要成员是地主、资本家、商人、高利贷者和资产阶级知识分子。成立之初，主张通过宪法的手段在印度实现立宪和代议政治，带有浓厚的改良主义色彩。19世纪末随着大量的中小资产阶级及知识分子的加入，以提拉克为首形成激进派，主张印度独立。1905年10月，针对殖民当局分割孟加拉省的法令，掀起全国规模的抗议活动，并发展为抵制英货、提倡国货的运动。次年，在激进派坚持下第一次提出“自治、提倡国货、抵制英货、民族教育”四点纲领。1907年温和派和激进派分裂。1916年，两派重新联合。国大党成立初期，揭露了英国官吏的专横残暴，要求自治、独立，唤醒了印度人民的民族意识。

园。由于殖民政府的强制和英商的操纵，印度的农业生产商品化有所发展，很多地区变成了单一种植区。与此同时，英国殖民者还利用封建土地关系加强对农民的剥削。19世纪60年代以后，殖民政府颁布一系列田赋法案，巩固了柴明达尔地主的地位，从而进一步保障了地主、商人、高利贷者对农民的剥削权。这一时期，英国从印度掠夺的粮食和原料与日俱增。

英国资本输出的增长、近代工业的出现——特别是铁路网的修建，在客观上促进了印度民族工业的发展。但是，印度资产阶级和英国资产阶级之间仍存在着难以调和的矛盾。英国资本家依仗殖民政权，采取经济的和非经济的手段阻挠民族资本发展。殖民政府根据垄断资本家的利益，制定关税政策，进一步加强英国商品在印度市场的竞争能力。直到19世纪末，印度资本主义工业仍然是半封建殖民地经济大海中的一个小岛。

随着近代工业的产生，印度出现了第一批产业工人。最早的近代工人是在英国资本家工厂做工。19世纪末，印度已有50多万的产业工人，他们大部分来自破产农民和手工业者。他们的工资微薄，劳动繁重，工作日长达14 ~ 15小时，根本没有假日。沉重的劳动严重损害了印度工人的健康，很多人被折磨致死。这一时期，印度无产阶级人数不多，政治上也不成熟，但却与先进的生产方式相联系，是一个不断发展的、组织性和革命性极强的阶级。随着殖民掠夺和封建剥削不断加强，各种社会矛盾，尤其是印度人民和英国殖民主义的矛盾日益尖锐。印度各地开展了轰轰烈烈的农民运动和工人罢工，同时兴起的还有资产阶级改良运动。19世纪六七十年代，资产阶级改良主义运动发展迅速，并且出现了各种地方性的改良主义政治组织。他们反对英国殖民束缚，要

一座专供英国上流社会和印度大公们游赏玩乐的戏院，此图绘于19世纪末期。

求实行自下而上的社会改革，普及欧式教育，发展民族工业，改革税制，实施司法平等制度，建立陪审制度，实现在英帝国范围内的自治。

工人运动、农民起义和资产阶级改良主义运动三者同时进行，这种形势引起了英国殖民者极大的恐惧。英国殖民者为了防止工农运动和资产阶级运动相结合，极力拉拢地主资产阶级上层分子，力图把资产阶级改良主义运动纳入合法的轨道，以便加以操纵和控制。于是，他们便支持资产阶级的代表建立全国性的改良主义政党。

1885 年 12 月 28 日，在英国殖民官吏休谟的操纵下，印度国民大会党（简称国大党）在孟买举行成立大会。出席大会的代表中半数是资产阶级知识分子，半数是地主商人和高利贷者。大会的中心议题是要求民权和自治。

国大党成立不久，收容了一批激进主义者，很快使国大党内部分成两派。以苏伦德拉·纳特·巴纳吉为首的温和派掌握领导权，代表地主和上层资产阶级的利益，主张和英国妥协合作。以巴尔·甘格达尔·提拉克为首的激进派，代表小资产阶级、富农、小地主和自由职业者的利益，他们极力反对温和派的妥协合作路线，认为英国殖民奴役是印度贫穷落后的根源，主张联合人民群众的力量，运用各种不同的斗争形式——包括暴力来推翻英国殖民统治，实现民族独立。英国殖民当局把提拉克视为死敌，1897 年将他监禁起来，但在印度人民的抗议下，殖民当局被迫把他释放了。提拉克在印度人民中的威望日益增长，到 19 世纪末 20 世纪初，他成为印度资产阶级民族运动的代表人物。

# 建立布尔什维克党

由于沙皇专制和封建残渣的存在，也由于垄断资本对国内外人民的剥削和侵略，沙俄帝国内不仅存在着无产阶级同沙皇专制和垄断资本的矛盾、农民阶级同贵族地主和沙皇专制的矛盾、国内各少数民族同沙皇政府的矛盾，还存在着俄国帝国主义同西方帝国主义、殖民地半殖民地人民的矛盾。

### ·《火星报》·

由列宁创办的第一份全俄马克思主义政治报纸。1900 年 12 月在德国莱比锡创刊，先后在慕尼黑、伦敦、日内瓦出版。报头刊有“星火可以燎原”的口号。编辑部成员有列宁、普列汉诺夫、马尔托夫、阿克雪里罗得、波特列索夫和查苏利奇。列宁是该报的主编和领导者，他在该报发表了许多有关俄国社会民主工党的建设和无产阶级斗争的各种基本问题、反映并评述国内外的重大事件的文章。在列宁的倡议和参与下，编辑部制订了俄国社会民主工党党纲草案，并得到大多数地方的社会民主工党组织的拥护，筹备党的第二次代表大会的召开。这次大会宣布《火星报》为党的中央机关报，选出新的编辑部成员：列宁、普列汉诺夫和马尔托夫。为加强中央委员会的领导，列宁于 1903 年 11 月 1 日退出编委会。从第 52 期起，该报被孟什维克篡夺。1905 年 10 月停刊，共出版 112 期。

深受封建主义和资本主义双重压迫的俄国工人阶级，不断发起反抗斗争。但在俄国当时的历史背景下，俄国无产阶级革命的任务比任何国家无产阶级革命的任务更艰巨。俄国的无产阶级渴望有自己的革命政党和革命理论的指导，这是列宁主义产生的客观要求，也是俄国无产阶级革命斗争的需要。

1883 年 9 月，普列汉诺夫在日内瓦创建了俄国第一个马克思主义团体——劳动解放社，为俄国传播马克思主义做了大量工作，并从思想上沉重地打击了民粹主义。但他们的理论学习和宣传活动还未与本国工人运动相结合，列宁出色地完成了这个任务。

列宁原名弗拉基米尔·伊里奇·乌里扬诺夫，参加革命后化

名列宁。5 岁时，他在母亲的教育下开始读书，9 岁时上了中学。1887 年，他随全家迁到喀山，同年进入喀山大学法律系学习。

列宁在喀山大学结识了一批有革命思想的同学。不久，他就因为参加学生运动而被捕、流放。1888 年，列宁从流放地回到喀山，但当局不准他再回到大学。他潜心研读马克思主义，并参加了马克思主义小组。1889 年，列宁随全家移居到萨马拉，他在那里埋头读了四年半的书，学了几门外语，并组织了当地第一个马克思主义小组。

1895 年，列宁把圣彼得堡的 20 个马克思主义小组联合成工人阶级解放斗争协会，在俄国第一次实现了社会主义运动和工人运动的结合。当年 12 月，列宁被捕，并被流放到西伯利亚。

1900 年，列宁从流放地到了国外，同年年底创办了《火星报》。通过报纸，促进了各地小组间的联系，并组织培养党的骨干，为建党做了组织上的准备。

为了建立真正的工人政党，列宁发表了大量文章，把科学社会主义思想灌输到工人运动中，并宣传马克思主义，批判各种错误思潮。1894 年，他写了《什么是“人民之友”以及他们如何攻击社会主义民主主义者？》一书，以大量事实批判了民粹派否认俄国资本主义发展、否认无产阶级领导地位的错误观点。同时列宁写文章，对“合法马克思主义者”关于资本主义的自由本质的观

**表现列宁在演讲的绘画**

列宁在 1920 年的演讲。虽然俄国的大部分地区都遭受到战争的蹂躏，但布尔什维克领袖的决心和力量极大地促进了革命的发展。

点进行了揭露和批判。他又撰写了《怎么办？》一书，严厉批判了经济派只搞经济斗争、不要政治斗争的谬论，并指出经济派的基本错误是崇拜工人运动的自发性，而自发的工人运动是没有力量推翻资本主义制度的。因此，只有把科学社会主义灌输到工人运动中去，只有建立无产阶级政党，才能最终取得无产阶级革命的胜利。

列宁这些批判民粹派、“合法马克思主义者”及经济派的著述，为建立新型的工人阶级政党奠定了思想基础。1903年7～8月，俄国社会民主工党第二次代表大会先在布鲁塞尔，后移至伦敦秘密举行。大会通过了列宁领导制定的党纲。这个党纲是当时世界上唯一把无产阶级专政作为斗争目标的工人阶级政党的纲领。在大会讨论党章时，会议代表产生了严重分歧。列宁主张建立一个集中统一、组织严密、有纪律的党，要求每个党员必须承认党纲，在物质上帮助党，并参加党的组织。马尔托夫反对把参加党的组织作为党员必备的条件，实质上是要建立一个没有纪律、组织涣散的团体。经过激烈争论，最后马尔托夫的主张得以通过。在选举党的中央机关时，拥护列宁的人占了多数，称为“布尔什维克”，反对派称为“孟什维克”。

布尔什维克党的诞生，意味着一个新型的、真正的马克思主义政党的出现，标志着列宁主义的诞生。列宁主义是马克思主义同俄国革命实践相结合的产物。它的诞生，不仅给俄国无产阶级以强大的组织力量和思想武器，也给全世界无产阶级和被压迫人民以强大的思想武器，它标志着一个亘古未有的世界无产阶级革命高潮即将到来。

# 苏丹马赫迪反英起义

英国占领埃及后，随即开始沿尼罗河向非洲内地扩张，在这一计划的目标中，苏丹首当其冲。

苏丹是土耳其奥斯曼帝国的一部分，但实际上由埃及统治。英国利用埃及政府驻苏丹官员的名义，逐步取代埃及人，继而担任苏丹省省长和苏丹总督。1881 年，自称“马赫迪”的艾哈麦德发动了反英起义。他宣传道：“建立普遍平等、处处公正的美好社

描绘马赫迪反英起义的瓷画

会，要消灭不平等，消灭邪恶势力。宁拼千条命，不纳一文税。”处于社会下层、出身贫寒的人民纷纷响应，准备和他一起起义。

马赫迪宣传抗英的消息传到英殖民者耳中，他们便派军队去镇压，遭到起义军的强烈反抗，在阿巴岛被打死100余名士兵。初次的胜利使起义军的影响迅速蔓延，队伍很快发展到近5000人。富有军事才能的马赫迪知道自己部队装备差，没有作战经验，就决定以地势险峻的卡迪尔山为根据地，凭借复杂的地形优势与英军周旋。

1881年12月，苏丹总督派拉希德率领1500名士兵尾随起义军至卡迪尔山区，追剿起义军。马赫迪设伏围歼，堵死英军进退

**恩图曼战役**

1898 年 10 月，马赫迪率军抵达离喀土穆不远的恩图曼城下。马赫迪写信给英守城将领戈登，要求戈登投降。但戈登不予理睬，因为他已得到消息，英国援军已从埃及出发。12 月 14 日马赫迪紧缩包围圈，起义军大败英军。

各路口，全部歼灭。次年 4 月，英军派出第二支围剿部队。马赫迪以逸待劳，趁英军长途疲惫，立足未稳，进行夜间偷袭，再次歼灭英 3500 人。

接二连三的反围剿胜利，马赫迪巩固了卡迪尔根据地，起义军也迅速扩大到 3 万余人，缴获了大批武器，起义军的军事装备大大提高，士兵抗英信心十足。

1831 年 1 月，马赫迪率领部队走出山区，向苏丹第二大城市乌拜依德发起进攻，一举攻占该城。

乌拜依德的失陷，震惊了全苏丹。国内的反英斗争形势高涨，英统治者感到危机。9 月，英殖民调集 1.2 万余远征军、14 门大炮、6 挺机枪、500 匹战马等，在希克斯的率领下向乌拜依德进军。

马赫迪采取坚壁清野，破坏远征军供给的战术，在远征军沿途提前烧光村落、毁掉水井、使远征军疲惫、阻滞其前进。在乌拜依德的南面，有片希甘森林，森林中间正好有块空地，马赫迪决定在那里消灭英军。他把部队分成 3 路，将主力和重武器都埋伏在希甘森林空地的四周，然后一路小部队迎击英军，诱敌深入，另一路部队在诱敌途中负责迂回英军后方，以夺取敌人的辎重。

11 月 4 日，希克斯部队接近乌拜依德地区，他企图对起义军实施突袭，于是他命令部队在黑暗的掩护下，连夜隐蔽行军。次日凌晨，希克斯远征军攻至乌拜依德城下，胸有成竹的马赫迪命部队按计划进行。负责诱敌的起义军开始向英军开火，英军迅速组织还击。在英军的猛攻下，起义军溃败，希克斯命部队追击。当英军追至希甘森林空地时，起义军却不见了踪迹。长途跋涉再加上紧张的追赶，使英军疲惫不堪。正要停下喘息的英军忽然听到四周枪炮齐鸣。希克斯知道中计，但这时他们已被起义军团团围住，以逸待劳的起义军向英军发起猛攻。希克斯在战斗中被打死，全军被歼，与大部队脱节的辎重也被起义军截获。

希甘战役的胜利，促进了苏丹各阶层人民反抗殖民统治运动的发展，起义军实力进一步扩大。1884 年 3 月，起义军包围了苏丹首都喀土穆，并于次年 8 月 26 日攻占该城。英国当局紧急调集大批军队镇压，由于起义军内部分化，1890 年，英军镇压平息了起义，马赫迪起义失败。后来，英、埃签订《管理苏丹协定》，苏丹遂成为英国的殖民地。

### ·埃土战争·

埃及为了维护地主商人的利益，不断发动对外扩张战争。1831 年，埃及与奥斯曼土耳其发生冲突，埃及遂出兵叙利亚，占领耶路撒冷、大马士革等地，并向小亚细亚推进，直逼伊斯坦布尔。后因沙俄出面干涉，双方签订停战条约。1839 年，第二次埃土战争爆发，土军渡过幼发拉底河，向叙利亚推进，打到了阿勒颇。6 月初，埃及军队展开反攻，并在尼西布战役中歼灭了土耳其军队的主力。7 月 4 日，土耳其海军投降。这时，英国等殖民国家出兵干涉，埃及屈服，并沦为欧洲列强的半殖民地。

# 坦噶尼喀的反殖民斗争

坦桑尼亚是一个美丽的国家，位于非洲大陆的东南部，由坦噶尼喀和桑给巴尔两部分组成。19 世纪下半叶，特别是 1884 年柏林会议召开之后，欧洲各殖民国家加紧了对非洲的占领，坦噶尼喀则成为德国觊觎的对象。

英国殖民者在非洲掠夺了大量殖民地，正如这幅装饰画所表现的，取得胜利的军官可以将他获取的殖民地以自己的名字命名。

1884 年底，一支由卡尔·彼得斯率领的德国远征军侵入坦噶尼喀。德军在坦噶尼喀滥杀无辜，甚至连手无寸铁的儿童和妇女都不放过，坦噶尼喀人对这支德国远征军恨之入骨，把彼得斯称为“双手沾满鲜血的人”。彼得斯可不管这些，他根本不把这些弱势的非洲人放在眼里，仍继续在坦噶尼喀为非作歹。

在手拿先进武器的德军面前，坦噶尼喀的酋长们胆怯了，与彼得斯签订了 12 份条约，把 15 万平方千米的土地拱手让给了德国。

坦噶尼喀人民没有像其他殖民地的人民那样发动激烈的抵抗，使德国殖民者的气焰更加嚣张起来。他们在一些港口城市升起了“德国东非公司”的旗帜，把桑给巴尔苏丹的旗帜降了下来。看到桑给巴尔苏丹没什么反应，德殖民当局又派一艘军舰闯进坦噶尼喀的一个港口。

满腔怒火的人民终于被激怒了，他们把德国军舰上的专员们包围起来，想以此迫使德军撤退。但事情的发展出乎坦噶尼喀人的意料，他们并不指望苏丹能给予他们帮助，但是他们万没想到苏丹竟会派军队来镇压他们，以解救德国专员。

苏丹出卖国家和民族的行径使坦噶尼喀人忍无可忍，他们聚集到一起，高呼“把殖民者赶出坦噶尼喀”的口号。

“我们不能再承认出卖国家利益的苏丹的权力了，我们应该推举一位有能力的领导人，带领大家把可恶的德军赶出这块土地。”一位有威望的老者建议道。

“说得对，我们应该选举一位热爱祖国的领导者。”

最后，阿布希里承担起了这一重任，他带领坦噶尼喀人民奋勇抗击德国殖民军。坦噶尼喀人使用的大多是原始的梭镖、木棍等，而德军使用的是先进的现代化武器，两者之间的差距太大了，因此坦噶尼喀人不断地战败。在1885年的一次战争中，阿布希里被俘后英勇就义。

虽然德国殖民军一度打胜，但他们也不断地意识到，坦噶尼喀人民决不会甘愿受他们统治，要想使统治牢固，只能用武力征服。于是，德殖民当局决定以巴加莫港口为据点，在加强沿海地区统治的同时，逐步地向内地推进。

起先，德国殖民者让一部分人扮成商人模样混到坦噶尼喀，用一些在欧洲已经非常过时的小东西来换取坦噶尼喀人的牲畜或是象牙等物。不明就里的坦噶尼喀人最初对这些德国“商人”带

**·坦桑尼亚的发展变迁·**

坦桑尼亚是人类发源地之一，轰动世界的“东非人”头骨就是在这里发现的。1885 年，坦桑尼亚的坦噶尼喀被德国划入势力范围之内，1890 年，桑给巴尔又沦为了英国的保护国。1917 年，英国凭借第一次世界大战的机会吞并了整个坦桑尼亚，赶走了德国人。第一次世界大战结束后，坦桑尼亚成为英国的委任统治地。第二次世界大战结束后，联合国将坦噶尼喀作为托管地交给英国管理。经过长期的斗争后，坦噶尼喀于 1961 年 12 月 9 日宣布独立，1963 年 12 月 10 日，桑给巴尔也宣布独立，摆脱了英国的殖民统治。1964 年 4 月 26 日，两个国家组成联合共和国，6 月 29 日，改名为坦桑尼亚联合共和国。

来的东西非常感兴趣，当揭穿了德国人的真面目后，坦噶尼喀人再也不做这种交易了。德国殖民者看到坦噶尼喀人不再上当，便开始使用武力进行掠夺。

阿布希里死后，坦噶尼喀人又推选姆克瓦瓦为首领，在姆克瓦瓦的领导下，坦噶尼喀高举独立的旗帜，继续同德国殖民者进行着不屈不挠的斗争。

姆克瓦瓦是赫赫族的酋长，他的王国地处坦噶尼喀腹地，为了与德国殖民军针锋相对，姆克瓦瓦在领地设下重重关卡，这使得德国殖民者的利益大大受损。最后，姆克瓦瓦甚至封锁了商道，使“洋商”们无法通过他的领地。

1891 年，驻坦噶尼喀的德国专员向姆克瓦瓦下达了最后通牒：姆克瓦瓦必须只身前往巴加莫港，而且要带上一把泥土。

“德国人就是这样让我屈服吗？就算是砍去我的头颅，我也决不会投降的。”姆克瓦瓦气愤地派人给德国专员送去了一支表示斗争到底的箭。

德国专员看以“和平”的方式不能让姆克瓦瓦屈服，便亲自率领德国远征军向赫赫族的王国进犯。

“德军来势汹汹，如果硬拼肯定是不会取得胜利的，所以只能智取。”打定主意，姆克瓦瓦让士兵们隐蔽到德军必经之路上，当德军进入埋伏圈后，他命令士兵们冲上前去，用长矛和弓箭射杀敌人。片刻工夫，德军便损失了200多人，不得已，德国专员只能率残部退回巴加莫港。

1894年，不甘心失败的德军又调集了大批军队进攻姆克瓦瓦的领地。姆克瓦瓦率领士兵奋起抵抗，但最后还是不得不放弃王城卡伦加。姆克瓦瓦率领余部转入丛林作战，开展游击战争，给德军以出其不意的打击。

1898年，姆克瓦瓦由于操劳过度身患重病，身边只有很少的随从人员。一天，他养病的地方突然被德殖民军包围了，姆克瓦瓦很快意识到是有人出卖了他。在紧急关头，他首先想到的是：坦噶尼喀人决不能成为德国人的俘虏。于是，姆克瓦瓦举枪自杀。面对姆克瓦瓦的尸体，残忍的敌人割下他的头颅，送回柏林去请功——当时德国总督正以5000卢比悬赏姆克比比的头颅。

1918年，在第一次世界大战中战败的德国决定从坦噶尼喀撤军，作为对战败国提出的条件，坦噶尼喀人民要求德国归还姆克瓦瓦的头颅。就这样，姆克瓦瓦的头颅终于回到了祖国。坦噶尼喀人民把姆克瓦瓦的头颅安放在一座为此修建的纪念馆里，并把这座纪念馆起名为“姆克瓦瓦纪念馆”。

# 西北非的反侵略斗争

1871年春，阿尔及利亚发生民族起义，一度把法军从东部地区赶了出去。随后，斗争的烈火燃遍阿尔及利亚全境。起义坚持到1872年才被法国镇压下去。起义失败后，法国把阿尔及利亚变成为法国的一个省，法国殖民当局剥夺了阿尔及利亚人民的各种权利，并大规模移民，企图“同化”阿尔及利亚。

突尼斯是法国继占领阿尔及利亚之后的又一目标。1878年的柏林会议上，法国在突尼斯问题上得到英、德的支持。1881年4月，法国派兵入侵突尼斯，迫使突尼斯在接受法国保护的条约上签字。此后，突尼斯人民立即举行全国性起义，顽强抗击入侵的法军。1883年，起义遭到血腥镇压。7月，法国又强迫突尼斯签订新的条约，突尼斯正式接受法国的“保护”，虽然突尼斯政权仍然保留着，但国家权力已完全

对非洲的殖民激发了欧洲开发商的想象力，他们设计了一种棋盘游戏，其图画背景即取自欧洲人踏上非洲土地时的情景。

操纵在法国人手中。

到19世纪末，北非只有摩洛哥还保持着独立，但由于国内改革运动的失败，摩洛哥失去了抵御帝国主义入侵的实力。20世纪初，摩洛哥最终沦为法国的“保护国”。

从19世纪初开始，英国就企图侵略西非阿散蒂人的国家，但均遭失败，仅在黄金海岸建立了一些分散的殖民据点。1873年春，英军4000余人向阿散蒂发动进攻，双方激战到次年2月，阿散蒂人被迫从首都库马西撤出。3月14日，阿散蒂被迫同英国签订了和约，放弃了沿海地区的主权。1896年1月，英军再次占领了库马西，宣布阿散蒂为英国的“保护国”。阿散蒂人民掀起抗英斗争。起义一直坚持到1901年底才告以结束。阿散蒂从此被英国吞并，成为英国的直辖殖民地。

### ·第二次摩洛哥危机·

1911年4月初，摩洛哥首都非斯爆发反对苏丹和殖民主义的人民起义后，法国派兵占领非斯。德国向法国提出警告，并派炮舰驶入阿加迪尔港示威。7月15日，德国正式向法国提出割让全部法属刚果的要求，双方关系极为紧张，故称“第二次摩洛哥危机”。双方僵持不下之际，英国采取了支持法国的立场，表示如果德法两国交火，英国一定参战。11月，法德两国达成了协议。德国承认法国对摩洛哥大部分领土的保护权，作为交换条件，它取得了法属刚果的价值不大的部分。但这并没有缓解帝国主义之间的矛盾，第二次摩洛哥危机使之后，协约国集团与以德国为核心的同盟国集团都紧锣密鼓地进行战争准备，最终导致第一次世界大战的爆发。

# 第二次工业革命

从19世纪70年代到20世纪初，科学技术飞速发展，人类历史上又发生了一次新的工业革命，被称为“第二次工业革命”。

**1850年工程师们在不列颠桥举行会议**
第二次工业革命改变了英国工业面貌，工业家与工程师的才干和学识得到极大的发挥。

第一次工业革命和资本主义的迅速发展，使得自然科学在19世纪取得重大突破。在物理学方面，法拉第证明了电磁感应现象，伦琴发现了放射现象；在化学方面，分子—原子结构学说确立，门捷列夫制定了化学元素周期表；在生物学方面，细胞学说建立，达尔文创立了生物进化论学说。这些重大突破，为自然科学与生产技术相结合，把科学原理转化为技术，直接运用到生产中去，创造了有利的条件。而世界市场的出现和资本主义世界体系的基本形成，又推动了商品的生产。因此，人们追求更高的生产效率，渴望有更好的机器和更强大的动力。这些条件，

**早期的电话及从事电话交换工作的人**
刚开始的时候，电话交换是靠手工来完成的，所以，电话局需要很多工人。

使第二次工业革命的发生成为可能。

第二次工业革命最主要的表现是电力的广泛应用。1866 年，德国人西门子制成发电机。4 年后，比利时的格拉姆发明了电动机。于是，电力作为一种新能源开始用来带动机器。此后，以电为能源的产品迅速被发明出来，如电灯、电车、电报、电话以及电焊技术等。电的广泛使用，造成对电力的需求大增。于是有了法国人马·德普勒关于远距离送电技术的发明，美国发明家爱迪生建成了第一座火力发电站，将输电线路结成了网络。制造发电、输电和配电设备的电力工业纷纷建立和发展起来。

这次工业革命的另一个重要表现是内燃机的发明和应用。从 19 世纪 70 ~ 90 年代，德国人奥托、戴姆、狄塞尔先后发明了以煤气为燃料的四冲程内燃机、以汽油为燃料的内燃机和柴油机。这就解决了交通工具的发动机问题，引起了这一领域的革命性变革。80年代，汽车诞生；90年代，许多国家建立起汽车工业，并牵动了内燃机车、远洋轮船、拖拉机和装甲车、飞机等的制造和使用，也促使石油开采与炼制业迅速发展起来。

化学工业也在这一时期兴起。无机化学工业、有机化学工业都相继建立和发展起来。纯碱、硫酸的生产，煤焦油的综合利用，促成了一系列新发明和新产品的出现。如化肥、化学药品、人造染料、人造丝和人造纤维等。炸药工业更成为化学工业的重要部门，瑞典人诺贝尔因发明火药和无烟火药而成为世界名人。

第二次工业革命在规模、深度和影响上都远远超过第一次工业革命，出现了不少新的特点。

第一，它有坚实的科学基础。所有成果都是科学技术运用于

### ·最早的汽车拉力赛·

现在谈到汽车拉力赛，人们便自然而然地想到各式各样精致的跑车，时速个个达到几百千米。可当年汽车刚发明时的汽车比赛可没这么风光。19世纪末，出现了各种类型的汽车，它们互相竞争。在1894年，法国巴黎举行了首届汽车比赛。启事是这样写的："各种各样的车辆不论其动力是蒸汽的、燃气的、汽油的还是电的，都可以申请参加比赛。"结果，仅在预赛中，大部分车子就抛锚，被淘汰了。决赛中的21辆车，也仅有15辆到达目的地，但值得一提的是，15辆中有9辆使用戴姆勒发动机。在第二年的巴黎—波尔多长途汽车赛中，汽油汽车再次把蒸汽汽车抛在后面。从此，汽油汽车在运输领域取得主导地位。

生产实践而创造出来的。没有热力学、电磁学、化学等的突破性成就，绝不可能出现新的工业革命。科学技术是第一生产力的原理得到了充分体现。

第二，它侧重于基础工业、重工业、化学工业、能源工业等部门，具有更强的经济改造能力和社会改造能力，使主要资本主义国家首先实现工业化。城市人口远远超过了农村人口。

第三，它是在几个先进大国同时起步，相互促进下进行的。其中，德国人贡献尤多，其次是美国人，英国与法国也有一些重要的发明。而且，某一国的重大发明，很快就被别国所吸收。你追我赶，经济发展迅速。到1900年，美、德、英、法四国的工业产值，已占全世界工业产值的72%。

第二次工业革命极大地促进了生产力的发展，人类社会进入电气时代。它改变了资本主义的工业结构，新兴工业部门，如电力工业、石油开采业、石油化工业、汽车制造业等重工业迅速发展起来，重工业逐渐取代轻工业在资本主义工业体系中占据主导地位。随着生产力的发展，生产和资本高度集中，引起了生产关系的变化，产生了垄断组织，垄断经济逐渐成为整个国民经济的基石，世界主要资本主义国家开始进入帝国主义阶段。垄断还进一步造成资本主义经济发展的不平衡。老牌国家英国和法国，经济发展相对缓慢。新兴的美国和德国经济发展相当快，工业总产值超过英、法而位居世界第一和第二。俄国和日本经济也迅速发展。这就刺激了帝国主义列强对世界霸权和殖民地的掠夺，加深了列强之间的矛盾，造成国际局势的紧张，最终酿成第一次世界大战。

# 英布战争

英布战争中指挥作战的英军军官

继美西战争之后，英、布殖民者为重新划分南部非洲而挑起争端。

19世纪末，英国对非洲的侵略进入一个新的阶段。它企图把长期以来在非洲夺取的殖民地连成一片，实现《开普－开罗计划》。而这一计划的实现，还存在着障碍，那就是荷兰殖民者后裔——布尔人在非洲南部建立的德兰士瓦和奥兰治两个共和国。这两地是世界上最大的黄金和金刚石产地，英国为夺取这两块宝地，实现其侵略计划，准备与布尔人打一场战争。为此，英国人在军事上和外交上做好了准备，并寻找借口挑起事端。

1899年，英国借口两个共和国对移民的选举权限制过严等，派大军到德兰士瓦边境驻扎，双方矛盾激化。英国拒绝了布尔人让英军撤离边境的要求，同年10月11日，布尔军向英军发起进攻，英布战争爆发。

1899年10月，英军调集大批援军，企图从开普沿铁路线向奥兰治和德兰士瓦进军，一举占领其首都。布尔人却计划在英援军到达前占领纳塔尔，向英殖民地开普进攻。10月12日，布尔总司令约伯特率领军队向纳塔尔发起攻势。约伯特采用散开队形，充分利用地形筑建野战工事，进行伪装前进，使英军分不清主力目标的准确位置，增加了英军的攻击点。英军采用密集队形，既不实施机动、也不进行伪装，战术呆板。布尔军队士气高昂，装备先进，使英军遭到重创，伤亡惨重。布尔人攻下纳塔尔后，又一举占领了埃兰兹纳各特，趁势将万余名英军包围在莱迪史密斯、马弗金、金伯利。接着，约伯特采用围城打援的策略，连续击退增援英军，英军损失近3000人。

1900年1月，不甘失败的英军频频调兵，从印度、加拿大、新西兰和澳大利亚调集25万大军支援南非。英军调整军事将领，更换新式武器，在总司令罗伯茨的率领下，重新部署兵力，改变进攻策略。布尔军由于围攻的城市较多，牵制了众多兵力，进攻力量被大大削弱。罗伯茨于是将战略重心从纳塔尔转移到易于攻击的奥兰治河流域。

**反映英布战争中英军战斗场面的版画**

英军凭借人数优势，迂回包抄，使布尔人陷入被动，迫使布尔人转为运用游击战，以消耗英军。

2月，英军在奥兰治河的北岸，分东北两路向奥兰治发起进攻，英军采用迂回战术，顺利

**武装起来的布尔人**
在这次战争中，所有年满 14 岁的布尔人都要投入战斗。虽然他们没有受过专业训练，也没有精良的装备，但他们坚信自己所从事的事业是正义的。

从后面绕过防御坚固的克罗里埃，直扑金伯利。围城的布尔军仍以散形队形顽强抵抗。战斗极为激烈，英军伤亡较重，但终因人数优势击败布尔军，切断其后退之路。27 日，布尔军被迫投降。东路英军于 27 日经 4 次激烈的进攻，冲破图盖拉防线，围困莱迪史密斯的布尔军面临腹背受敌的境地。28 日，布尔军被迫撤围。几个城市的围困解除，英布战争转向有利于英军的方向发展。

3 月，英军乘胜追击，依靠人数的绝对优势分进合击，两翼包抄，迫使布尔人退出坚固的防御阵地。英军顺势占领了奥兰治首都布隆方丹。5 月 31 日，攻克约翰内斯堡。6 月 5 日，德兰士瓦首都比勒陀利亚失陷。德兰士瓦、奥兰治被英国吞并。

1900年9月，处于绝对劣势的布尔军队退出城市，在博塔和德韦特的领导下，分成若干小纵队，开始了旷日持久的游击战，对英军进行顽强的运动突袭。他们破坏交通线，抢截英军辎重，使英军不得安宁，遭受到更大的损失。为挫败布尔人的游击战，英军被迫将军队增至45万人，并对乡村实行“焦土”政策，大肆烧杀抢掠。同时采用集中营的办法，拘禁大批群众，企图断绝布尔军的供给。另外，还广泛建立碉堡，秘密监视布尔军动向。

1902年4月，双方均感觉消耗巨大，无力再战，决定和谈。5月31日，双方签订《费雷尼条约》。条约规定：德兰士瓦和奥兰治划归英国；英国付给布尔人300万英镑作为“补偿”。1910年，英国将德兰士瓦和奥兰治等合并，组成南非联邦，使其成为英国的一个自治领地。

英布战争是帝国主义形成初期的又一次帝国主义战争。英布战争使英国在外交上陷入困境，不得不做外交政策上的重大调整，向结盟的国家靠拢。

**·南非重建·**

为了恢复金矿生产，英国政府与清政府于1904年签订《保工章程》，招募6万多名华工到德兰士瓦。1905年，南非的黄金生产超过之前水平。在政治上，英国重提“联邦”方案。1908年召开了开普、纳塔尔、德兰士瓦和奥兰治4个地区代表的国民会议，就“联邦”问题达成了协议。会议决定，联邦议会设在开普敦，行政首都设在比勒陀利亚，司法首都设在布隆方丹。1909年，英国国会公布了南非法案。1910年5月31日，南非联邦正式宣告成立。

# 日俄战争

英布战争结束后不久，1904年又爆发了沙俄和日本争夺东亚霸权的战争。

日俄战争中的俄国海军军舰

明治维新后，日本对外扩张的主要对象是朝鲜和中国，以建立太平洋霸权。甲午战争是实现这一计划的第一步。这场战争不仅给中国带来了深重的民族灾难，而且也损害了俄、法、德在远东的利益。沙俄联合法、德迫使日本退还辽东半岛，致使日、俄矛盾加剧。此后，日本为同俄国一战，积极扩军备战。

俄国在迫使日本将辽东半岛归还中国后，其势力在中国东北迅速扩展。通过1896年《中俄密约》以及1898年强租旅顺、大连等，中国东北全境实际上已沦为俄国的势力范围。1900年，八国联军镇压义和团运动后，俄国独吞东北的野心不仅激化了日俄矛盾，也触犯了其他列强在中国的利益。1902年，英、日结成同盟，日本更敢于对俄国发动战争了。1903年8月，日俄双方就重新瓜分中国东北和朝鲜进行谈判。已完成扩军备战的日本态度强硬，致使谈判破裂。1904年2月6日，日本断绝与俄国的外交关系。8月，日本不宣而战，海军舰队用鱼雷偷袭旅顺俄国舰队。几艘舰船被击沉后，俄舰队被迫退到港内，日军遂将旅顺港口封锁。

**反映日俄海战的版画**

日本舰队对旅顺港实施闭塞和严密封锁，给躲在旅顺港内的沙俄太平洋分舰队出海作战造成威胁，迫使俄军向海参崴突围。双方在黄海海面上展开了激战，俄军惨败。黄海海战后，日军取得了海上主动权。

俄军面临着两个问题：一方面，陆上的支援和补给要经过西伯利亚铁路，从莫斯科到旅顺港约有6000英里，距离较远。并且贝加尔湖切断了西伯利亚铁路，所有运输物资在湖的一面必须卸下，运到对岸后再装列车，通常把一个营的兵力运到旅顺，需要一个多月的时间。另一方面，俄在东北有海参崴和旅顺两个港口，而冬季海参崴港口因封冻而不能使用，只有旅顺为不冻港，可作为海军基地。基于此，俄陆军司令克鲁泡特金建议主力撤出辽东半岛，在哈尔滨集结，等候从莫斯科来的援兵，再进行反攻，击退日本军队，解救孤军死守的旅顺俄军。但由于俄军指挥层意见分歧，于是将主力军集结点改为辽阳，然后把兵力向旅顺推进。

此时，日本也在考虑作战计划，他们认清了作战的关键是海军，但如果陆上不给俄军以决定性的打击，是无法把俄势力赶出中国东北的；对于日本来说，朝鲜半岛是一条比较安全的补给线，是进退自如的便利基地；来自俄军的海上威胁就是驻旅顺港的俄舰队，他们足可以切断日本的海上交通，制海权对日本是极为重要的。针对这些情况，日本一面引诱俄舰队接受会战，否则就封锁旅顺港口。一方面日陆军在舰队的保护下，从仁川登陆，控制朝鲜半岛，建立稳固基地后，用 3 个军团的兵力从朝鲜湾的北岸登陆向中国东北的辽阳进军，以阻止俄南下支援旅顺。第四军团则围攻旅顺港，攻克后北上与前 3 个军团会合，在俄陆军增援未到前击败俄军。

1904 年 5 月初，日本在朝鲜站稳脚跟，便从朝鲜湾登陆中国东北。25 日，日军攻入金州，次日，攻下南山高地，占领了大连。旅顺港完全处于日军的包围中。

旅顺港有三道防御工事，依托地势，人工构建了堡垒和碉堡，并用高压有刺铁丝网包围，防御强度极高。日本连续发动两次总攻，采用坑道战、地雷战、炮轰战等均被顽强的俄军抑制住，日军损失惨重，但也攻占了周边一些关键性的阵地。俄军全部防御体系的总枢纽 203 高地仍控制在俄军手中。11 月 26 日，日军向 203 高地发起第 3 次总攻。火力轰炸连续数天，日军付出 1.1 万人的血本，终于在 12 月 5 日登上 203 高地，旅顺港内的船只从这里尽收眼底。7 日，俄舰船被全部击毁。1905 年 1 月 4 日，日军占领旅顺，俄军投降。日军按计划北上与元帅大山会合，投入对俄主力的进攻。2 月 23 日，日军 30 万大军与俄 31 万大军在奉天展

## ·《大日本帝国宪法》·

日本以天皇名义颁布的第一部宪法。1889年2月11日颁布，1947年颁布新宪法后被废除。它是在明治维新各项改革基本完成后，以德意志帝国宪法为蓝本制定的。由文告、发布宪法召敕以及文本三部分组成。宪法规定：天皇神圣不可侵犯，总揽任命内阁、立法、司法、行政、军事、财政、外交等权力；议会由贵族院和众议院组成，前者由皇族、华族及敕任议员组成，后者由公选议员组成，但有财产资格限制；设置枢密院，名为天皇咨询机构，实为凌驾于议会和内阁之上的最高决策机关。宪法还允许日本臣民在法律许可的范围内，享有言论、出版、集会和结社等自由，有服兵役和纳税的义务。帝国宪法的颁布和实施，确立了日本的君主立宪制，维护了地主、资产阶级联合专政的统治秩序，标志着以军部为核心的近代天皇制的形成。

开最大规模的会战。双方正面都挖有堑壕、筑建有野战工事，交战极为激烈，直到3日10日，日军才攻克奉天，俄军向哈尔滨撤退。5月9日，俄军波罗的海舰队缓缓进入中国海域赶来支援。27日在对马海峡被日舰队全部歼灭。对马之战的失败，使俄国国内的人民忍无可忍，大多数城市爆发革命，沙皇专制制度接近崩溃边缘。9月5日，在美国的调停下，日、俄签订了《朴次茅斯和约》，规定俄国承认日本在朝鲜的独占利益，俄国将辽东半岛的租借权和库页岛南部及附近岛屿让予日本等。

日俄战争是日、俄为争夺远东霸权而发生的又一次帝国主义战争。俄国战败，加速了俄国革命的到来。日本取胜，使其跻身于世界强国之列，进一步增强了它称霸东亚的野心。

# 巴尔干战争

欧洲两大军事集团形成以后，列强们在重新瓜分世界问题上展开了激烈的争斗，主要表现为两次摩洛哥危机的发生。随着矛盾的发展，巴尔干成了欧洲的火药桶。

巴尔干半岛位于欧、亚、非三洲会合处，是各种势力斗争的交合处。1912 年 3 月，保加利亚和塞尔维亚签订了军事同盟条约；5 月，保加利亚又和希腊签订了同盟条约；8 月，门的内哥罗加入此同盟，从而形成巴尔干同盟。1911 ~ 1912 年的意土战争削弱了土耳其的实力，巴尔干同盟各国趁机向土耳其宣战。1912 年 10 月 9 日，门的内哥罗首先对土耳其宣战。接着，保加利亚、塞尔维亚和希腊相继对土耳其宣战，第一次巴尔干战争全面爆发。战争爆发后，土耳其军队连连失利，它在巴尔干的领土几乎丧失殆尽，后被迫求和，并请求列强调停。1913 年 5 月，土耳其与巴尔干同盟签订和约，巴尔干同盟四国获得了大片领土，土耳其在欧洲的领土几乎丧失殆尽，仅保存了伊斯坦布尔及海峡以北的狭小地区。至此，第一次巴尔干战争使原来受土耳其奴役的国家的人民获得了解放。

巴尔干同盟虽然取得了对土耳其战争的胜利，但由于分赃不均，联盟内部产生了严重分歧。1913 年 6 月 1 日，塞尔维亚和希腊结成反保同盟，罗马尼亚随后加入，并准备对保作战。在奥匈

奥斯曼土耳其的士兵在伊斯坦布尔待命出征。

帝国的纵容下，保加利亚先发制人，于6月29日向塞尔维亚和希腊宣战，罗马尼亚、门的内哥罗和土耳其也向保加利亚发动进攻，第二次巴尔干战争爆发。一个月后，保加利亚战败求和，第二次巴尔干战争宣告结束。

经过两次巴尔干战争，这一地区的人民基本上摆脱了土耳其的民族压迫，同时也推动了奥匈帝国统治下的被压迫民族的解放战争。由于波斯尼亚和黑塞哥维那人民要求摆脱奥匈帝国统治，与塞尔维亚合并，建立一个大塞尔维亚国家，致使奥、塞之间矛盾加剧。奥匈不仅极力阻止塞尔维亚的扩张，而且企图消灭年轻的塞尔维亚国家；俄国为了对抗奥匈，竭力支持塞尔维亚；德国则支持奥匈帝国。这就进一步加剧了两大帝国主义集团对巴尔干的争夺，使其成为各种矛盾的焦点和第一次世界大战前最敏感的战争火药库。

# 第一次世界大战

奥匈帝国认为塞尔维亚是它向外扩张的障碍，因此，瓜分乃至全部吞并塞尔维亚、粉碎大塞尔维亚主义，是奥匈帝国的既定国策。1914 年 6 月底，奥匈帝国在波斯尼亚举行以塞尔维亚为假想敌的军事演习，向塞尔维亚进行军事挑衅，激起了塞尔维亚民族主义者的极大愤慨。一个名为黑手党的塞尔维亚民族主义军人团体，决定以刺杀皇储斐迪南的行动，来打击奥匈侵略者的气焰。

1914 年 6 月 28 日上午 10 时，斐迪南夫妇在城郊检阅军事演习之后，乘敞篷汽车进入萨拉热窝市区巡视。埋伏在路旁人群中的黑手党成员查卜林诺维奇突然冲到车前，向斐迪南投掷了一枚炸弹。司机见此情景，加足马力，汽车冲向前方。炸弹落到随后的汽车上，炸死一名军官和几名群众。查卜林诺维奇当场被捕。斐迪南故作镇静，挥手示意“继续前进”。到市政厅出席了欢迎仪式，稍作休息之后，他又乘车上街，招摇过市。当汽车途经一拐角处时，17 岁的中学生加・普林西波冲上前去用枪打死了斐迪南夫妇。

描绘斐迪南夫妇被刺场面的图画

### ·凡尔登战役·

第一次世界大战期间德法在凡尔登地区进行的具有决战性质的大会战。德国认为凡尔登是巴黎和法军阵地的枢纽，是协约国西线的突出部分，对德军造成了威胁。1916 年 10 月 24 日，转入反攻，并发动了两次进攻，收复了原防守阵地。12 月 28 日凡尔登战役结束。该战役是第一次世界大战中规模最大、时间最长的战役，法军伤亡 40 多万人，德军伤亡近 35 万人。此次战役是第一次世界大战的转折点，德军战略计划破产，标志着其军力的衰落。

德奥集团在暗杀事件发生后，欣喜若狂地叫嚣道："这是千载难逢的机会。"

奥匈帝国以萨拉热窝事件为借口，于 7 月 28 日悍然对塞尔维亚宣战。7 月 31 日，德国政府向俄、法两国同时发出最后通牒，要求俄国停止军事动员，法国在未来冲突中保持中立，但遭到两国的拒绝。于是，德国分别于 8 月 1 日、3 日先后对俄、法宣战。

8 月 1 日，德军占领了卢森堡，2 日下午，又向中立国比利时发出最后通牒，要求准许德军借道过境进攻法国。比利时拒绝了德军的无理要求，同时呼吁英、法、俄诸国保护它的中立地位。英国要求德国尊重比利时的态度，但遭到拒绝。8 月 4 日，英国对德宣战。8 月 6 日，奥匈帝国正式向俄国宣战。

欧洲大战爆发后，在极短的时间内便蔓延到远东和近东，日本为扩张在东亚的势力也趁火打劫。8 月 15 日，日本向德国发出最后通牒，要求德国军队立即撤出中国和日本领海，在 9 月 15 日之前，把德国租借的胶州湾和青岛移交给日本。德国拒绝了最后通牒，日本便于 8 月 23 日对德宣战。

从 1914 年 7 月 28 日起，在 3 个月的时间内，奥匈帝国和塞尔维亚的冲突就演变成世界大战。到 1918 年，以德、奥、土为一方，俄、法、英、日、比、塞等国为另一方，共有 31 个国家参加了战争，从而出现了战火蔓延至亚洲、非洲和美洲的首次世界规模的战争。

欧洲大陆是第一次世界大战的主战场。在那里有 4 条战线：西线的对阵形势是英、法、比军队与德军对抗；东线的对阵形势是俄国军队与奥匈、德国军队作战；巴尔干战线的对阵形势是塞尔维亚、门的内哥罗以及罗马尼亚、希腊等国军队与奥匈、保加利亚的军队作战；意大利战线的对阵形势是意大利军队对抗奥匈军队。其中，西线和东线起决定性作用。

位于比利时、法国北部和德国边境的西线，从北海延伸到瑞士边境，长 700 千米。1914 年 8 月初，德国按施里芬计划，首先在西线发起进攻。到 12 月，战争从运动战转为阵地战，形成双方相持

作为德国停战代表团成员，埃尔茨贝格尔只能屈服于协约国的要求，这样可以把他的部队从被歼灭的危险中拯救出来。

局面。

在东线，俄军于8月中旬进攻东普鲁士。德军从西线抽调一部分军队去对付俄军。8月底～9月中旬，兴登堡指挥的德国军队在马祖尔湖地区歼灭了俄国第二集团军，既而攻下了俄国第一集团军司令部所在地斯特尔堡。俄军被迫退出东普鲁士。与此同时，俄军挫败奥匈军队。截至年底，东线交战双方军队在阵地里对峙，呈相持状态。

1916年，是大战关键性的一年，交战双方最大限度地调动了本国的人力、物力投入战争。德国将重点放在西线，以法国凡尔登要塞为目标，发动了强大攻势。凡尔登位于法国的东北边境，是巴黎的前卫，也是法军战线的枢纽。1916年2月21日，德军集中近900门大炮，辅之以飞机，向凡尔登马斯河左岸的法军阵地发起猛攻。法军被迫退至马斯河右岸。自2月27日起，法国用3900辆汽车运送援兵和武器，组织了有效的防御。双方不断增加兵力，反复冲杀，形成拉锯战。德军仅推进7千米。6月初，德军20个师第二次大举进攻，但始终未能突破。8月，法军发起反突击。到9月，德军攻势停了下来。

战争让城市变成一片狼藉，图为德国的囚犯在修复被炸毁的道路。

为了减轻凡尔登的压力，牵制德军对凡尔登的进攻，英、法军队按照预定计划，

## ·战斗机的出现·

世界上公认的第一架战斗机是法国的莫拉纳·索尔尼埃公司制造的H型飞机。它长6.28米，高2.3米，翼展9.12米，最大飞行速度135千米，能在天空停留3小时，并配有机枪。第一次世界大战开始后，莫拉纳·索尔尼埃公司又制造了H型战斗机的改进型——L型和N型。L型战斗机装备了偏转片系统，解决了飞机机载机枪射击时被螺旋桨干扰的难题，使飞行员不需要另外配备机枪手就可以在驾驶飞机时攻击敌机。1915年4月1日，法国飞行员罗兰·加洛斯驾驶莫拉纳·索尔尼埃L型飞机击落了一架德国双座侦察机，取得了战斗机第一次空战胜利。随后，德国的“福克E3”式战斗机装备了性能更好的“机枪同步射击”装置，成为第一次世界大战中性能最好、击落飞机数量最多的战斗机，被协约国方称为“福克式的灾难”。战斗机的出现，使战争规模从地面、海洋扩展到了天空。

于7月1日发起了索姆河战役。战役从9月持续到11月中旬。索姆河战役和凡尔登战役一样，都是消耗战。几个月中，双方伤亡惨重，各损失约60余万人。英、法军队虽未达到预定的夺回失地的目标，但牵制了德军，使战局朝着有利于协约国的方向转化。两次战役以后，协约国集团人力物力资源的优越性开始体现出来，它的军事装备已赶上同盟国，而军力则继续领先。在1916年的几次重大战役中，同盟国各国都遭到严重挫败，形势越来越不利。而协约国虽然未能击溃同盟国，但军事力量却在日益增长，并逐渐掌握了战略主动权。

1917年11月7日，俄国爆发了十月社会主义革命，以列宁

法军在战争后期逐渐掌握了主动权，图为法国空军在对撤退中的德军阵地进行轰炸。

为首的苏维埃政府宣布退出帝国主义大战，德国又鼓起了战争勇气，可以集中兵力对西线作战。德军统帅部把英军作为攻击的首要目标，企图击败英军后占领法国海岸，而后围歼法军。1918年3月，德军集结190多个师连续发动四次战役，在英法联军的抵抗下，损失70多万人。7月中旬，德军的进攻力量枯竭。

美国军队陆续赶到，增强了英法打败德军的决心。7月24日，协约国制订反攻计划：先打通被德军在马恩河、亚眠、圣米耶尔切断的铁路交通，然后实施全面反击，彻底打败德军。

7月18日，大规模反攻开始，经过埃纳—马恩河战役、亚眠战役和圣米耶尔三场战役，德军节节败退。9月26日，联军总攻开始，28日，德军登堡防线全面崩溃。29日，同盟国保加利亚投降。接着土耳其、奥地利相继签订停战协议。《康边停战协定》签订，第一次世界大战以同盟国的失败而告终。

第一次世界大战的性质是一场帝国主义争霸战争，前后持续了51个月，有15亿人口被卷入战争，世界各国损失惨重。第一次世界大战使德、奥、俄、土这4个帝国覆灭，英、法被削弱，美、日兴起，俄国建立了社会主义政权，对此后的世界格局影响很大。

世界现代史

# 十月革命

第一次世界大战进行到1917年时，饱受压迫奴役之苦的俄国人民不堪战争的重负，为了获得土地、和平和面包，他们再次掀起革命斗争的高潮。

1917年3月15日（俄历2月27日），工人和革命士兵在彼得格勒发动武装起义，推翻了沙皇政府，统治俄国300多年的罗曼诺夫王朝垮台了。这次革命史称“二月革命”。

二月革命以后，俄国出现了两个政权并存的局面，一个是资产阶级临时政府，它掌握着各级权力机构；另一个是工人士兵代表苏维埃，它得到工农的支持，拥有实权，但它只是辅助性政权。两个政权并存的局面不可能长久维持下去，随着形势的发展，其中一个必然要化为乌有。

在这种复杂的形势下，1917年4月，长期流亡国外的列宁回到了彼得格勒。他在党的会议上作了被称为《四月提纲》的报告。列宁指出，俄国革命必须从资产阶级民主革命向无产阶级社会主义革命过渡；无产阶级和贫苦农民必须夺取政权，建立苏维埃共和国。列宁还号召布尔什维克党积极准备新的革命。《四月提纲》指明了俄国革命的方向。

1917年7月，俄军在前线的进攻遭到惨败。消息传到彼得格勒以后，工人和士兵满腔怒火。他们走上街头，举行示威，要求全部权力归苏维埃，游行遭到临时政府派的血腥镇压，史称“七月革命”。两个政权并存的局面不复存在，临时政府掌握了全部权力，开始大肆逮捕布尔什维克和革命群众。布尔什维克党的活动转入地下。

8 月，布尔什维克党召开代表大会，确定了武装起义的方针。9 月，俄军最高总司令科尔尼洛夫下令向彼得格勒推进，企图武力镇压革命力量，建立军事独裁政权。在布尔什维克党的领导下，科尔尼洛夫的叛乱被粉碎。国内阶级的力量对比发生巨大变化。临时政府的支柱——军队瓦解。布尔什维克党的威信空前提高，革命形势日趋成熟。

### ·《四月提纲》·

1917 年 4 月 17 日（俄历 4 月 4 日）列宁在布尔什维克代表会议上所做的《论无产阶级在这次革命中的任务》的报告。因发表在四月，故称《四月提纲》。提纲指出：当前俄国的特点是从革命的第一阶段过渡到第二阶段，即从资产阶级民主革命过渡到无产阶级社会主义革命；政权应该转到无产阶级和贫苦农民手中；不要议会制共和国；资产阶级临时政府所继续的战争仍是帝国主义性质的战争，要摆脱这场战争，就必须进行社会主义革命，推翻资产阶级的统治。还提出了“不给临时政府以任何支持”和“全部政权归苏维埃”的口号。并在经济上提出，没收地主土地，实行土地、银行国有化，由工兵代表苏维埃对社会生产和分配实行监督。《四月提纲》为布尔什维克党明确规定了从资产阶级民主革命过渡到社会主义革命的路线，指明了革命发展的前途。

1917年俄历10月7日，列宁秘密回到彼得格勒，筹备武装起义。10月10日，党中央开会讨论武装起义问题。会上讨论了列宁的报告，最后，列宁的主张以10票对2票获得通过。会议宣布："武装起义是不可避免的，并且业已完全成熟。"尽管季诺维也夫、加米涅夫在会上投了反对票，但会议仍然同意他们参加由列宁、托洛斯基、斯大林等组成的七人政治局，负责武装起义的政治领导工作。

1917年俄历10月18日，孟什维克左翼的《新生活报》刊登了季诺维也夫和加米涅夫关于反对发动武装起义的文章，从而泄露了武装起义的机密。列宁称之为"叛变活动"，随即加紧了起义的具体准备工作。

布尔什维克党面对急剧变化的革命形势，决定提前起义。俄历10月24日上午，军事革命委员会向刚刚组建的卫戍部队发出战斗命令。当晚又下令波罗的海舰队的水兵开赴首都参加战斗，赤卫队受命守卫工厂和设备以及斯莫尔尼宫。起义的发动工作进行得十分顺利，起义者在24日上午就按计划占领了事先规定的地点。当晚，列宁来到斯莫尔尼宫，亲自指挥起义。从24日晚到25日晨，卫戍部队、赤卫队和水兵采取联合行动，夺取了主要桥梁、火车站、邮政总局、政府机关、中央发电厂等战略据点，只剩下临时政府所在地冬宫、军区司令部大楼和预备国会所在地玛丽娅宫尚未被攻克，彼得格勒武装起义取得了初步胜利。

俄历10月25日上午10日，彼得格勒苏维埃军事革命委员会发布了列宁起草的《告俄国公民书》，下午6时，约2万名起义者包围了冬宫。龟缩在冬宫的临时政府妄图负隅顽抗，拒绝接受战地指挥部发出的令其20分钟内投降的最后通牒。晚9时40分，彼得保罗要塞的大炮开始向冬宫轰击，停泊在涅瓦河畔的“阿芙乐尔”号巡洋舰也响起了炮声。接着，起义者向冬宫发起进攻，并很快就突破了冬宫的外围防线。俄历10月26日凌晨2时10分，攻下了冬宫。2时35分，彼得格勒苏维埃在斯莫尔尼宫召开紧急会议，列宁在会上郑重宣布：权力归军事革命委员会为代表的苏维埃。至此，彼得格勒武装起义取得了决定性的胜利，社会主义的曙光在彼得格勒的上空闪耀。彼得格勒胜利是通过暴力革命取得的胜利，也是十月社会主义革命进程中最为重要的一笔。

1917年俄历10月25日晚10点40分，第一届中央执行委员会代理主席、孟什维克党人唐恩宣布大会开幕。当10月26日凌晨，

**冬宫前的广场及凯旋门**
十月革命前，俄国临时政府的驻地即在冬宫。

列宁雕像

起义队伍攻下冬宫和逮捕临时政府成员的消息传到会场时，全场顿时沸腾起来。接着，卢那察尔斯基宣读了列宁起草的《告俄国工人、士兵和农民书》，选出了由101人组成的全俄中央执行委员会。至此，世界上第一个无产阶级专政国家诞生了。

十月革命向全世界宣告崭新的社会制度由理想变为现实。它在人类历史上第一次消灭剥削和压迫的不平等社会，第一次尝试建设公平正义共同富裕的美好社会。

十月革命沉重地打击了帝国主义的统治，极大地鼓舞了国际无产阶级革命运动和殖民地半殖民地被压迫民族的解放运动，改变了俄国历史的发展方向，用社会主义方式改造俄国的道路，对整个人类社会的发展都产生了巨大的影响。

十月革命胜利以后，苏维埃代表大会召开了，会议决定由以列宁为首的委员会来取代临时政府的地位。布尔什维克建立了无产阶级专政，没有忘记农民的重要性，他们把大片土地分给了贫苦的农民，这样新政权就得到了最广泛的支持。

# 德国革命爆发

19世纪中后期，普鲁士经过3次王朝战争，统一了德国，并确立了容克资产阶级在德国的统治，使德国走上了发展资本主义的道路。德国资本主义保留了浓厚的封建残余：政治上，保留了半专制主义的君主制度，容克地主在政治生活中占据很高的地位，人民很少有自由民主权利；经济上，封建容克土地所有制占优势，容克地主与垄断资本紧密勾结，对广大人民实行残酷的剥削。第一次世界大战爆发后，德国经济濒临崩溃，劳动人民陷入困境，国内阶级矛盾进一步加剧。

罗莎·卢森堡

1918年初，德国各地爆发了工人罢工运动，并在罢工过程中建立了工人代表苏维埃。1918年秋，德军在前线接连不断地失利，败局已定，士兵的厌战情绪日益高涨，革命形势日益成熟。11月3日，基尔的水兵、士兵和工人举行起义，到5日时，苏维埃掌握了基尔的全部政权。基尔起义吹响了德国十一月革命的号角，革命迅速

德国工人阶级组织起来举行游行示威，直接促成了德国共产党的成立。

向全国蔓延。11 月 9 日，柏林数十万工人和士兵举行了总罢工和武装起义，推翻了霍亨索伦统治的王朝。同一天，德国社会民主党领导人谢德曼和斯巴达克派领导人李卜克内西分别宣布德国为“德意志共和国”和“自由社会主义共和国”。

1918 年 11 月 10 日，德国社会民主党和独立社会民主党联合组成了以艾伯特为首的资产阶级性质的临时政府——人民委员会。临时政府成立后，人民委员会实行了一些资产阶级民主性质的改革，但保留了原有的国家机器，解散了工人武装，实行敌视苏俄的外交政策，反对革命继续发展。德国革命有停留在资产阶级民主革命阶段的危险。

为了推动革命继续前进，斯巴达克派积极进行活动。1918年11月11日，斯巴达克派进行了改组，更名为“斯巴达克同盟”。12月29日，斯巴达克同盟举行了全国代表大会，决定与独立社会民主党彻底决裂，成立德国共产党。12月30日，德国共产党宣告诞生。

为防止德共领导革命向前发展，艾伯特政府寻机对德共进行镇压。1919年1月4日，艾伯特政府宣布解除独立社会民主党人埃希霍恩的柏林警察总监职务，这一决定激起了柏林工人的极大愤怒。1月5日，柏林15万工人举行了声势浩大的示威游行，结果遭到了艾伯特政府的血腥镇压，德国工人阶级的杰出领袖卡尔·李卜克内西和罗莎·卢森堡被杀害。

在镇压柏林一月起义的恐怖气氛中，德国国民议会于1919年2月在魏玛召开，制定了资产阶级民主性质的《魏玛宪法》，这部宪法宣布德国是共和国，同时宣布私有财产不可侵犯，并规定了资产阶级的民主自由权利。

根据三权分立的原则，宪法规定在德国实行议会民主制，并给予总统以广泛的权力。

宪法中也包括一些有利于劳动者的内容，如规定国家为了公共福利可以实行社会化政策；职工在名义上可以和雇主在工资、劳动条件等方面有“共同决定权”；成立工人委员会，保护工人和雇员的社会经济利益。这样，《魏玛宪法》在维护资产阶级和容克地主利益的基础上，也确认了人民经过革命争得的一部分民主权利。宪法全文共181条，是德意志共和国的基本组织法。《魏玛宪法》实施后，德国进入魏玛共和国时期。

魏玛共和国在政治上加强垄断资本的政治统治，削弱工人民主权利；在经济上大力扶植垄断资本，借助外国资本的流入发展经济，使德国工业生产1929年跃居资本主义世界第二位。1925年加入国际联盟并任常任理事国，重新取得欧洲大国的地位。1929年，受到世界经济危机严重打击，国内矛盾激化，革命形势高涨，政局动荡。垄断资本遂支持希特勒于1933年上台，建立法西斯政权，魏玛共和国宣告解体。

### ·斯巴达克团·

德国社会民主党左派成立的革命组织。第一次世界大战前，德国社会民主党即已分成左、中、右三派。大战爆发后，以卡尔·李卜克内西、罗莎·卢森堡等人为首的左派坚持马克思主义，反对帝国主义战争，主张重建工人阶级的国际组织。1916年1月在柏林召开的全国代表会议通过了《国际社会党人的任务提纲》，坚持阶级斗争和无产阶级的国际团结，主张反帝反战，清除资产阶级民族主义对无产阶级的影响，决定出版刊物《政治书信》，后改为《斯巴达克书信》，左派即称“斯巴达克团”，一月会议为其成立标志。斯巴达克团广泛开展革命宣传活动，组织领导工人斗争和反战运动，领导和推动德国十一月革命，提出建立苏维埃政权，实现社会主义革命的目标。1918年11月改组为斯巴达克同盟，12月全国代表会议决定成立独立的德国共产党。

# 第三国际

第三国际又名共产国际，是世界无产阶级第四个联合组织。在第一次世界大战和十月革命的影响和推动下，资本主义世界掀起了无产阶级革命斗争的高潮，许多国家建立自己的革命政党——共产党。但是，由于各国新生的共产党缺乏斗争经验，还没有彻底摆脱社会民主党的影响，而且有的国家尚无自己的革命政党，这使得无产阶级无法很好地完成历史使命。

在共产国际成立大会上，列宁、斯大林（第二排左三和左二）与大会代表在一起。

第二国际破产后，列宁等革命左派在思想上划清了与第二国际机会主义的界限，在组织上加强了国际合作，为共产国际的建立奠定了组织基础。到1918年底，成立共产国际的思想已为许多国际的左翼代表所接受。

经过酝酿和准备，第三国际成立大会于1919年3月2日至6日在莫斯科举行，30个国家的共产党和左翼组织的54名代表和观察员参加了这次会议。大会通过了《共产国际行动纲领》，选出了执行委员会和执行局。这样，共产国际正式建立起来了。

共产国际的建立，标志着第二国际机会主义在工人运动中的统治彻底结束，同时，世界无产阶级有了团结的核心和革命的司令部。

共产国际继承和发展了第一国际的革命原则，承接了第二国际的成果，提出了无产阶级的新的革命原则和任务，推动了国际共产主义运动的进一步发展。

共产国际的组织原则具有高度的集中性。共产国际“二大”上通过的《共产国际章程》规定：共产国际必须是一个高度集中的组织，必须是一个全世界的统一的共产党，各国共产党是它的支部，受共产国际的领导；共产国际执行委员会有权修改各国支部的决议，有权开除违反国际原则和决议的支部，有权派代表参加支部的一切会议，各支部召开会议需经国际批准，等等。这样，共产国际就确立了高度集中的组织制度。1919 ~ 1923 年，为其活动的初期。“二大”阐明反对机会主义的必要性和艰巨性；“三大”和“四大”先后发出“到群众中去”的号召和建立具有广泛统一战线基础的“工人政府”的口号。这一时期对各国共产党的建立和成长起到了促进作用，但也犯有对革命形势估计脱离实际的错误。中期为 20 世纪 20 年代中期到 30 年代初期，先后召开了“五大”和“六大”。这一时期“左倾”思想严重，妨碍了统一战线工作的开展，给反法西斯斗争带来了不利影响。1943 年 6 月 8 日，共产国际执委会主席团召开了最后一次会议，决定自 6 月 10 日起撤销共产国际所属的一切机构。至此，共产国际在完成了历史使命后，自行解散。

# 印度民族解放运动

在第一次世界大战期间，英国不断加重对印度的剥削，使印度人民与英国殖民者之间的民族矛盾日益尖锐。与此同时，英国由于忙于战争而放松了对印度的控制，客观上刺激和促进了印度民族资本的发展。

受到第一次世界大战教育和锻炼的印度人民，民族意识普遍觉醒，反对英国殖民统治的斗争深入开展，罢工浪潮席卷各个工业中心。孟买、马德拉斯等城市的工人在罢工斗争中建立了工会组织。另外，在旁遮普等地则爆发了农民运动。这一切都预示着民族解放运动高潮即将来临，而十月社会主义革命则促进了印度

**·罗拉特法案·**

1919 年 3 月 18 日英国殖民当局为镇压印度民族运动所制定的法令，由英国高等法院法官罗拉特为首的委员会制定，故名。第一次世界大战结束后，印度的民族解放运动高涨起来，英国政府采用高压手段代替怀柔政策，1919 年公布此法案。法案规定：战争年代制定的《国防条例》继续有效，殖民当局可以随时宣布戒严令，禁止集会和游行示威，禁止任何团体活动；建立无辩护律师和无陪审人员的法庭，殖民当局对任何有反政府嫌疑的人不经审讯就可以逮捕和监禁，不用陪审即可判案。该法案颁布后，激起印度人民的极大愤怒，从而掀起了反英斗争的新高潮。

民族解放运动的发展。

面对印度民族解放斗争日益高涨的形势，英国殖民者采取了怀柔与镇压并举的政策，以稳定自己的统治。1918 年 7 月，英国公布由印度事务大臣孟太古和驻印总督蔡姆斯福特联合签署的《孟太古－蔡姆斯福特方案》，允诺在印度“逐渐发展自治体制”。但事实上，这个方案仅仅照顾到上层人士的利益，意在拉拢他们，并没有给广大的印度人民带来真正的自治权利。因此，该方案一公布，便遭到印度社会各阶层的强烈反对。

英国殖民当局鉴于怀柔政策没有奏效，便采用了高压手段。1919 年英国颁布《罗拉特法案》，法案规定：战争年代制定的《国防条例》继续有效，殖民当局可以随时宣布戒严令，禁止集会和游行示威，禁止任何团体活动；建立无辩护律师和无陪审人员的法庭，殖民当局对任何有反政府嫌疑的人不经审讯就可以逮捕和监禁，不用陪审即可判案。该法案颁布后，激起印度人民的极大愤怒，从而掀起了反英斗争的新高潮。

1919 年 3 月初，旁遮普邦阿姆利则市人民开展反英斗争，抗议《罗拉特法案》。4 月 10 日，英殖民当局在阿姆利则城逮捕两位著名民族运动活动家。当日，该市群众举行游行示威，与军警发生冲突。愤怒的群众捣毁英国银行，占领火车站、电报局、电话局，切断了该城与外地的联系。英殖民当局派军队开进阿姆利则，实行戒严，禁止一切集会。13 日，大批锡克教徒在贾连瓦拉·巴格广场举行集会活动。英国殖民当局军队包围广场，封锁出口，向群众开枪扫射，当场打死 370 余人，打伤 1200 余人。阿姆利则惨案激起印度各地更大规模的反英浪潮。

# 巴黎和会与凡尔赛体系

巴黎和会于 1919 年 1 月 18 日 ~ 6 月 28 日在巴黎近郊的凡尔赛宫召开。参加巴黎和会的共有 27 个国家，1000 多名代表。按照享有权利的不同，与会国被分成 4 类：第一类是享有整体利益的国家，即英、法、美、日、意五强国，它们可以参加任何会议；第二类是享有局部利益的国家，它们是第一次世界大战中对同盟国作战的国家，它们只能出席有关问题的会议；第三类是第一次世界大战中与德、奥断绝外交关系的国家，它们只有在讨论涉及本国问题时才能出席会议；第四类是中立国和即将成立的国家，它们只有在五强国邀请下，才能出席有关问题的会议。

巴黎和会主要对以下几个议题进行了讨论：

第一，建立国际联盟问题。会议刚开始，威尔逊便提出讨论建立国际联盟的问题，但英、法更关心殖民地和领土问题，反对首先讨论国联问题。经过争论，最后决定将国联问题交给威尔逊主持的专门委员会讨论。经过讨价还价，最后通过了一个在英美方案折中基础上的《国际联盟盟约》。

第二，德国的边界问题。这是对德和约的主要问题，也是会议争论的热点问题之一。法国要求德国不仅要归还阿尔萨斯和洛林，而且要求以莱茵河为德、法之间的边界，并主张分割德国的其他领土。英、美不愿德国过分被削弱，极力反对法国的要求。

经过激烈争论，3 国最终以英国提出的《丹枫白露文件》为基础达成了协议。

第三，关于德国的赔款问题。在这个问题上，英、法、美 3 国同样进行了激烈的争吵，无论是在赔款数目上还是在赔款的分配办法上，3 国都存在着许多分歧。

第四，中国山东问题。中国作为战胜国，在会上提出了收回德国在山东的一切非法权益的要求，而日本则以中、日之间签订的协议为由，要求将德国在山东的一切权益全部转让给日本。美国主张将德国在山东的权益先由国际共管，等山东完全开放后再交还中国。英、法、意则始终支持日本的无理要求。最后，美国也向日本

各国代表在和约上签字

让步，致使日本的要求得到了满足。

第五，俄罗斯问题。对于俄国建立的苏维埃政权，帝国主义各国都耿耿于怀。在和会上，英、法、美3国都主张对苏俄进行干涉，但通过什么方式却意见不同。法国极力主张武装干涉，但英、美则倾向于通过外交途径解决。最终通过了对苏俄进行经济封锁的计划，以遏止革命的发展。

巴黎和会是帝国主义的分赃会议。帝国主义战胜国都力图借此机会掠夺战败国，抢占弱小国家的丰富资源，以扩大自己的势力范围。最终，与会各帝国主义国家根据自己的实力对欧洲进行了重新划分。巴黎和会在经过几个月的激烈争吵之后，列强终于完成了对德国的分赃，于1919年6月28日在凡尔赛宫签订了《协约国和参战各国对德和约》，即《凡尔赛和约》。和约是在战胜国列强宰割战败国和牺牲弱小民族的基础上订立的，它为第二次世界大战的爆发埋下了祸根。

和约在德国领土的问题上规定：德国西部边界恢复到1870 ~ 1871年的状况，阿尔萨斯和洛林重归法国；萨尔区的行政权由国联代管，15年后进行公民投票决定其归属，萨尔煤矿由法国开采；莱茵河右岸作为非军事区，不得设防，左岸分成三个占领区，分别由协约国占领5年、10年、15年；在东部，德国承认波兰独立，并将一部分领土划归波兰；在南部，德国承认奥地利独立，德、奥永远不合并；在北部，将德国与丹麦之间的部分领土划归比利时和丹麦。

关于德国的殖民地，由战胜国以委任统治的形式加以分割。

和约在德国军备的问题上规定：德国废除普遍义务兵役制，解散总参谋部；陆军人数不得超过10万，海军不得拥有主力舰和潜水艇，不得拥有空军。德国必须拆除西部边境线上的防御工事，但仍可保留沿海和东线的军事工程。

关于德国赔款问题，和约规定：由协约国专门委员会加以确定。在此之前，德国应于1921年5月1日前支付200亿金马克的现金和各种实物，德国负担占领军的全部费用。

德国和约签订后，战胜国立即与德国的战时盟国签订了一系列条约。1919年9月10日，协约国与奥地利签订了《圣日耳曼条约》。条约确认了匈牙利、捷克斯洛伐克、塞尔维亚—克罗地亚—斯洛文尼亚王国的独立及其疆界；规定奥地利废除征兵制，陆军不得超过3万人；赔款数额必须在30年内付清。协约国又同保加利亚在巴黎近郊的纳依签订《纳依条约》，规定：西色雷斯交给战胜国代管；保加利亚必须废除义务兵役制，陆军不得超过2万人；偿付4.45亿美元的战争赔款。而后，战胜国在凡尔赛的特里亚农宫与匈牙利签订了《特里亚农条约》。根据条约，匈牙利只剩下了原来国土的28.6%，陆军限额为3.5万人，赔款22亿金法郎。1920年8月10日，在巴黎近郊的色佛尔，战胜国与土耳其苏丹政府签订了《色佛尔条约》，这一条约使土耳其失去了4/5的领土，财政经济由战胜国监督。

以上这些条约同《凡尔赛和约》《国际联盟盟约》一起形成了一个互为联系的条约体系，建立了帝国主义在欧洲、西亚和非洲的国际新秩序，使这些地区的政治、经济、军事活动又重新纳入了列强所控制的轨道，这一体系被称为“凡尔赛体系”。

# 华盛顿会议

第一次世界大战前，在远东和太平洋地区争霸的是英、法、俄、日、德、美6国。战后，德国败北，沙俄消亡，法国则忙于医治战争创伤和处理欧洲事务。因此，在亚太地区便形成了英、美、日3国角逐争霸的局面。在远东和太平洋地区，主要矛盾是美、日矛盾。大战期间，日本趁欧美国家忙于战事之机，夺取了德国在中国和太平洋上的殖民权益，形成了远东和太平洋地区事实上的独霸局面，从而加剧了列强间的利害冲突。美、英、日3国在亚太地区展开的激烈争斗，主要表现在3国的海军军备竞赛上。美国看出要在海上获得优势，还需要花些时间，便想通过外交途径来制约竞争对手。

1921年8月11日，美国正式向远东互有利害关系的8个国家：英、日、中、法、意、比、荷、葡发出邀请，参加华盛顿会议。1921年11月12日，华盛顿会议开幕。美国在会议中居主导地位，列入会议正式议程的问题有两项：一是限制海军军备；二是太平洋及远东问题。

经过近3个月的争吵，会议于1922年2月6日闭幕。会议缔结了7项条约和12项决议案，主要有《四国条约》《五国海军协定》《九国公约》和中、日《解决山东悬案条约》。

美国主张废除英日同盟。英日同盟问题虽然未被列入会议议

1921 年，英国失业的退役军人在街上当叫卖的小贩。

程，但第一次世界大战后，英日同盟成为美国争霸远东和太平洋地区的障碍。因此，美国把废除英日同盟视为自己的头等大事。经美、英、日代表私下磋商和法国同意，1921 年 12 月 13 日，四国共同签署了《关于太平洋区域岛屿属地和领地的条约》，简称《四国条约》。条约规定：缔约各国相互尊重它们在太平洋区域内岛屿属地和领地的权利；如上述权利遭到任何国家侵略或威胁时，缔约国应进行协商，以便联合或单独地采取对付措施；条约生效后，英日同盟应予终止。《四国条约》以体面的形式埋葬了英日同盟，这是美国外交史上的一大胜利。

关于中国“门户开放”原则的《九国公约》与中、日解决山东问题的条约方面，在华盛顿会议上，中国政府迫于中国人民反帝斗争的压力，提出了取消《凡尔赛条约》中关于山东的条款，要日本放弃“二十一条”等一系列正当要求。由于美、日矛盾激化，中国政府的一些反日要求得到了美国的支持。1922 年 2 月 4 日，中日签订了《解决山东悬案条约》及《附约》，规定：恢复中国对山东的主权，日军撤出山东，归还胶济铁路，但中国要以铁路产值偿还日本。山东问题的解决，为贯彻美国的意图扫除了障碍。1922 年 2 月 6 日，与会九国共同签署了《九国公约》，公约声称尊重中国的独立和领土完整，遵守在中国之“门户开放”和各国商务实业机会均等的原则。

### ·十四点原则·

美国总统威尔逊为结束第一次世界大战而提出的纲领。1918 年 1 月威尔逊在国会的演说中提出了“十四点原则”。其主要内容是：公开订立和平条约；贸易条件；各国军备裁减到同国内安全相一致的最低点；“公正调整”殖民地；德军撤出俄国，调整俄国问题；德军撤出法国，并归还阿尔萨斯、洛林；德军撤出比利时；重新调整意大利边界；奥匈各族自治；重新调整巴尔干国家领土；奥斯曼帝国境内非土耳其族自治，开放达达尼尔海峡；重建波兰；建立国际联盟。“十四点原则”的真实意图是，美国利用其经济优势来夺取世界市场和殖民地，取消在大战初期签订的未包括美国的分赃密约，并通过国际联盟来操纵国际事务。它是美国企图越出美洲、争夺世界霸权的纲领。

华盛顿会议是巴黎和会的延续，它在承认美国在远东及太平洋地区占优势的基础上，建立了战后帝国主义列强在亚太地区新的国际关系结构后，被称为“华盛顿体系”。由凡尔赛体系和华盛顿体系构成的帝国主义国际关系新格局，标志着帝国主义战胜国完成了全球范围内对世界秩序的重新安排，史称“凡尔赛—华盛顿体系”。它调整了帝国主义的关系，暂时缓解了它们的矛盾，并巩固了它们的既得利益。20 世纪 30 年代，随着资本主义政治经济危机的加深，德、日先后建立了法西斯专政，形成了欧、亚两个战争策源地，该体系开始局部瓦解。1939 年 9 月，德国突袭波兰，英、法对德宣战，第二次世界大战全面爆发，该体系彻底崩溃。

**参加华盛顿会议的各国代表在《五国海军条约》上签字**

《五国海军条约》的签订是列强在海上实力对比问题上暂时妥协的结果，它使美国在海军军备上取得了与英国相等的地位，从而标志着英国海上霸权的终结。但条约只对两类舰种作了限制，因此并未从根本上缓和列强对海上霸权的争夺。

# 土耳其凯末尔革命

第一次世界大战后，土耳其作为战败国，被迫与协约国签订了《摩得洛斯协定》，协约国军队据此占领了土耳其海峡地区。1920 年 8 月，协约国又强迫土耳其接受了《色佛尔条约》，瓜分了其本土五分之四的领土。悲惨的生活激起了土耳其人民对帝国主义和卖国的苏丹政府的强烈愤慨。在俄国十月革命胜利的鼓舞下，土耳其人民掀起了一场轰轰烈烈的争取民族独立和主权的斗争，并最终发展成为民族独立战争。

早在 1919 年 5 月，凯末尔受苏丹派遣到安纳托利亚维持地方秩序，他在那里参加了当地的反帝斗争，并很快赢得了当地群众的信任和拥护。9 月，全国各地“护权协会”在锡瓦斯召开了代表大会，成立了全国统一的资产阶级革命组织“护权协会”，通过了反帝民族纲领，并确立了以凯末尔为首的代表委员会作为统一的领导核心。

在代表委员会的坚决要求下，苏丹政府被迫于 1920 年 1 月召开了帝国议会，议会通过了凯末尔起草的《国民公约》。《国民公约》要求土耳其享有完全的独立和自由，反对帝国主义强加给土耳其的各种不平等条约以及对土耳其的各种限制，被誉为土耳其的独立宣言。

《国民公约》引起了帝国主义及苏丹傀儡政权的恐慌。1920 年

1922年10月，土耳其人在麦士拿城外围着一面巨幅国旗庆祝胜利。

3月16日，协约国以武力占领了伊斯坦布尔，并迫使苏丹政府解散议会，逮捕凯末尔派议员。在这种形势下，凯末尔派于4月23日在安卡拉召开了大国民议会，成立了以凯末尔为总统兼国民军总司令的国民政府。

安卡拉革命政府充分依靠广大人民群众进行反帝斗争。9月18日将希腊侵略军全部逐出安纳托利亚，英军被迫同土耳其讲和。10月，凯末尔政府同协约国签订了停战协定。11月1日，安卡拉大国民议会通过了废除苏丹制度的法案，结束了长达600多年的奥斯曼帝国的君主统治。

1923年10月29日，土耳其共和国宣布成立，凯末尔当选为第一任总统。凯末尔革命是第一次世界大战后殖民地半殖民地国家由民族资产阶级领导的一次取得胜利的民族民主革命。共和国成立后，土耳其开始进行全国性的建国复兴运动。

# 苏联建立

苏维埃社会主义共和国联盟，简称苏联。它是在俄国十月革命胜利的基础上建立起来的。

十月革命胜利以后，俄国各地区的被压迫民族纷纷建立起自己的民族国家和民族政权组织。从 1917 年底至 1921 年，乌克兰、白俄罗斯、立陶宛、拉脱维亚、爱沙尼亚、阿塞拜疆、亚美尼亚、格鲁吉亚等宣布成立独立的民族国家，建立了苏维埃政权。在外国帝国主义武装干涉和国内反革命武装叛乱的严峻形势下，它们建立了密切的军事、经济和外交方面的联系，签订了相互合作条

托洛茨基（第二排左四）视察莫斯科苏联军事研究院时与研究员们合影留念。

约。为了打破帝国主义的包围和封锁，尽快恢复被战争破坏的国民经济，进一步巩固和壮大无产阶级政权，联合各民族人民共同走上社会主义道路，各苏维埃共和国需要建立更加紧密的合作关系。

1922 年 8 月，俄共（布）中央政治局成立专门委员会，由斯大林主持工作。负责讨论各苏维埃共和国联合的问题，9 月，委员会通过了斯大林提出的《关于俄罗斯苏维埃联邦共和国同各独立苏维埃共和国的相互关系的决议草案》。这个“自治化”方案严重削弱了各苏维埃共和国的独立自主权。各苏维埃共和国在讨论这个决议草案时产生了严重分歧，少数赞成，多数反对。

列宁严厉批评了斯大林的“自治化”方案。他认为各苏维埃

### ·战时共产主义政策·

1918 年夏 ~ 1921 年春，苏维埃俄国针对战时物资极度匮乏的情况采取的一种临时经济政策，亦称军事共产主义政策。主要包括如下几个方面：实行余粮征集制，国家组织工人征粮队，征收农民的全部余粮，甚至部分口粮；工业企业实行普遍国有化；禁止私人贸易，实行贸易垄断制；规定居民的生活必需品全部由国家和合作社经销；实行口粮和生活必需品的配给制以及实物工资；实行高度集中的总管理局体制；实行“不劳动者不得食”的普及一切阶级的劳动义务制。战时共产主义政策使苏维埃俄国能够集中全国的财力、物力用于前线，为国内战争的胜利起到了重要的作用。但由于其实施超过了一定的限度，对经济的发展起了一定的消极影响，在后期引起农民的不满。内战结束，进入恢复国民经济时期后，它被新经济政策所代替。

手握镰刀斧头的苏联男女雕像，标志着苏联是一个工农社会主义国家。

共和国必须保持平等的地位，联合成为新的民主联盟国家，建立平等的、民主的苏维埃社会主义共和国联盟国家。他坚持俄罗斯联邦、乌克兰、白俄罗斯、南高加索联邦（包括阿塞拜疆、亚美尼亚、格鲁吉亚 3 个苏维埃共和国）必须按照自愿和平等的原则加入新的联邦制国家，建立新的全联盟中央机构。根据列宁的建议，委员会重新制定了联合决议草案，确认乌克兰、白俄罗斯、南高加索联邦共和国同俄罗斯联邦共和国必须缔结关于组成新的联邦制国家的条约，选举新的全联盟中央执行委员会，作为统一联邦制国家的最高权力机关。

1922 年 12 月 30 日，苏联第一次苏维埃代表大会在莫斯科举行。大会批准了《苏维埃社会主义共和国联盟成立宣言》和《苏维埃社会主义共和国联盟成立条约》，宣告苏维埃社会主义共和国联盟正式成立。1924 年 1 月，苏联通过了第一部宪法，把苏维埃共和国联盟的形式固定下来。

苏联成立宣言和苏联成立条约、1924 年苏联宪法及其他立法对联邦制国家的运行做出了一些原则规定：苏联是由各个平等的苏维埃共和国自愿联合组成的社会主义联邦制国家；各加盟共和国享有主权国家地位，在苏联宪法规定的分权范围内独立行使自己的国家权力；各加盟共和国享有自由退出联盟的权利。联盟国家最高权力机关为联盟苏维埃代表大会，苏维埃代表大会闭会期间联盟中央执行委员会为最高权力机关。

1922年12月成立时，苏联由俄罗斯联邦、南高加索联邦、乌克兰、白俄罗斯4个苏维埃共和国组成。此后，1924～1936年，中亚地区先后成立了乌兹别克、塔吉克、土库曼、哈萨克、吉尔吉斯5个苏维埃共和国，它们作为主权共和国加入了苏联。1936年12月初，将南高加索联邦划分成阿塞拜疆、亚美尼亚、格鲁吉亚3个主权苏维埃共和国并加入了苏联。1940年6月，苏联政府派兵进驻波罗的海地区的立陶宛、拉脱维亚、爱沙尼亚3国。8月，苏联以武力强行改组3国政府，将3国变为苏维埃共和国并入苏联。到1940年，先后有15个加盟共和国加入苏联。苏联成为一个统一的、多民族的社会主义联邦制国家。

《伟大的无产阶级领袖们》（宣传画）

# 斯大林模式

苏维埃标志

托洛茨基在列宁逝世后，重新提出了他的“不断革命论”，这一论调严重违背了列宁的新经济政策。托洛茨基声称：在俄国这样一个农民占绝大多数的落后国家里，苏维埃政权所面临的问题，只有在国际范围内，即在无产阶级世界革命的舞台上，才能得到根本的解决，新经济政策只是等待欧洲革命爆发的权宜之计。本来，包括斯大林在内的党内绝大多数人都持这种观点，但在苏联的党内斗争过程中，斯大林改变了以前的观点，认为苏联一国可以依靠自身力量建设社会主义，并与托洛茨基的“不断革命论”展开了斗争。

斯大林在与反对派的斗争过程中，逐渐完善了关于一国建成社会主义的理论。他在 1925 年 4 月召开的党的十四次代表会议上明确指出，苏联一国建成社会主义是完全有可能的。在 1925 年 12 月召开的党的第十四次代表大会上，系统地阐述了一国建成社会

为把苏联建设成为社会主义国家，斯大林领导苏联人民大干社会主义建设。（宣传画）

主义的理论。斯大林认为苏联一国建成社会主义的条件已经具备。政治上，无产阶级已经夺取了政权，尽管工、农之间存在着矛盾，但他们的根本利益相同，农民可以在工人阶级的领导下进行社会主义改造，走上社会主义道路。经济上，无产阶级专政国家能够依靠本国人民的力量，战胜资产阶级，建立社会主义的经济基础。国际上，由于帝国主义政治经济发展不平衡，帝国主义阵营内部的冲突必然加剧，世界资本主义力量将被削弱，而在各国掀起的革命运动，也牵制了帝国主义的力量。这一切，都使苏联一国可以建成社会主义。斯大林指出，一国建成社会主义，并不是社会主义最终获得胜利，应该把两者区别开来。无产阶级专政的国家存在两类矛盾：一是国内矛盾，二是无产阶级专政国家与资本主义各国的矛盾。前者能够依靠工农联盟的力量来克服；但后者无法靠一国的力量来克服，解决这一矛盾有待于无产阶级世界革命的胜利。斯大林的这一理论为党所接受，从而也战胜了托洛茨基反对派和新反对派。

斯大林关于“一国建成社会主义”的论述，极大地鼓舞了苏联人民建设社会主义的热情，成为苏联进行社会主义建设的指导思想。从 1926 年起苏联人民开始为实现社会主义工业化而斗争。

其指导思想是：优先发展重工业，实行统一计划，集中管理，实行高积累、高速度，迅速消灭非社会主义经济成分。1927 年 12 月，联共（布）第“十五大”通过“关于制定国民经济五年计划的指示”的决议，指出计划应注意消除国民经济中的不平衡现象，正确处理工业与农业、重工业与轻工业、积累与消费等比例关系，但强调高速发展重工业。并起草了两个“一五”计划的方案，即最高方案和最低方案。

斯大林与布哈林从1928年开始，就如何建设社会主义的问题进行了激烈的争论和斗争。1929年4月召开的中央全会批判了布哈林的观点，并撤销了其《真理报》主编和共产国际的领导职务，1930年12月召开的中央全会撤销了支持布哈林的其他领导人的职务，斯大林又战胜了布哈林反对派。至此，斯大林在建设社会主义的途径和方式问题上的主张完全为党所接受，苏联开始朝着“斯大林模式”的社会主义方向前进。

经过两个五年计划的建设，苏联基本上完成了国民经济的技术改造，形成了一个门类比较齐全的工业体系，消灭了工业中的非社会主义成分，其工业总产值跃居为世界第二位和欧洲第一位。

### ·斯大林经济体制·

20世纪30年代在苏联形成的高度集中的计划经济管理体制。其具有以下几个主要特征：高度集中的部门管理；国家通过下达繁多的指令性计划指标来控制和管理企业；管理经济上重行政手段，轻经济杠杆；在财政上实行统收统支。企业所需生产基金由国家拨给，所得利润基本上悉数上缴，亏损由国家补偿；在产品生产与分配上实行国家统一的调拨与分配制。斯大林经济体制形成于30年代有其客观的历史条件，在一定的时期，对苏联社会建设起过积极作用。但是，它把计划经济同商品经济对立起来，把计划调节同市场调节对立起来，使企业没有必要的经营自主权，严重地阻碍了生产力的发展。这种高度集权的政治和集中的经济相结合的体制，构成斯大林体制的主要特征。1953年随着斯大林的逝世，这种体制也随之被废除。

# 美国爆发经济危机

资本主义从1924年起，进入了相对稳定时期。经过几年的恢复和发展，资本主义世界出现了繁荣景象，各主要资本主义国家的工业生产总值均大大超过战前的水平。经济的短暂繁荣，使资产阶级忘乎所以，声称资本主义已消灭了贫困，进入了“永久繁荣”阶段。然而，正当资产阶级扬扬得意之时，一场空前的大危机突然降临。

正当资本主义世界陶醉于数年来的繁荣之时，“黑色星期五”悄然降临。危机来临，许多美国人只能靠领救济金为生。

1929年10月，以纽约股票市场的崩溃为标志，美国爆发了一场资本主义生产过剩危机。它很快由美国向欧洲、加拿大、日本等主要资本主义国家蔓延，并波及许多殖民地、半殖民地国家和地区，席卷了整个资本主义世界。这次危机前后持续了4年，使整个资本主义世界经济损失2500亿美元，比第一次世界大战的物质损耗还多800亿。它是资本主义世界较为严重的一次经济危机。

20世纪20年代中期，对西方资本主义国家来说，是经济繁荣的大好时光。股票投机成风，人们似乎从不怀疑这个市场有朝一日会突然崩溃。1929年10月24日，这一天突然乌云密布，股市暴跌，被西方世界称作“黑色星期五”。纽约股票市场开盘后一个小时内就抛出了1300万股，超出正常标准的100万股以上。虽然花旗银行、大通银行和其他两个大银行的总裁们在摩根公司大厦策划买进2.4亿美元进行干预，仍然无济于事。10月29日这一天更糟，总共抛出股票1650万股。到12月底，纽约市场股票价值总共下跌了450亿美元左右。1929 ~ 1932年间，由于跌价而造成的证券贬值，美国为840亿美元。股市风波迅速席卷金融、工业、农业等各个领域，一场空前的世界经济大危机开始了。

### ·柯立芝繁荣·

20世纪20年代美国经济的迅速发展和高涨，因其主要发生在柯立芝总统任内，故名。英、法、德经历第一次世界大战后，经济处于停滞或恢复状态，便于美国经济势力向外扩张。美国国内通过技术革新、固定资本更新和企业生产及管理的合理化，生产和资本的集中过程空前加速，经济发展迅速。国民生产总值和工业生产总值均创新纪录，汽车制造、电机电器制造和住宅建筑业发展尤其显著。到1929年，美国在资本主义世界工业生产的比重已达48.5%，超过了当时英、法、德3国所占比重总和。但这种繁荣主要集中在部分工业部门和城市中，其他一些工业部门和农业的不景气，使美国经济发展很不平衡。并且由于股票投机成风，使繁荣本身带有一定虚假性。生产和资本的进一步集中则加深了资本主义社会的固有矛盾，孕育着新的危机。

一位“黑色星期五”的受害者以100美元的价格出售他的汽车，以尽快得到现金。

在整个大危机期间，金融货币、信用和财政陷入全面危机。股票价格指数下降的幅度，美国为51％，德国为32％，日本为45％。1931年5月11日，奥地利最大的信用银行倒闭，各国随即引起向银行挤兑存款风潮，国际货币体系和传统金本位制面临严峻挑战。1931年7月13日，德国达姆塔特国民银行宣告破产。1931年9月21日，英国宣布放弃金本位，禁止黄金出口，英镑贬值近1/3。随后，日本等56个国家纷纷宣布放弃金本位，货币贬值。此后，资本主义世界货币体系四分五裂，分裂成若干个区域性的货币体系。它造成了国际支付体系的普遍受阻、资本输出几乎停止和对外贸易的大萧条。1929至1933年，美国破产的银行共10500家，占银行总数的49％。美国的进出口在1930年为10.1亿美元，而1933年只有10万美元。英、法、德、日的进出口总额都减少了61％以上。

大危机使工业生产大幅度下降，大量企业倒闭，无数工人失业。1932年的工业生产总值与1929年相比，美国下降了46.2％，德国下降了40.2％，日本下降了37.4％，意大利下降了33.2％，法国下降了31.9％，英国下降了20％。危机使资本主义世界的工业大约倒退了20年。重工业损失尤为严重。美国的机床制造业下降了

80%，生铁下降了 79.4%，钢铁下降了 75.8%（倒退了 28 年），汽车下降了 74.6%，采煤下降了 40.9%。大危机使失业人数达到有史以来的最高纪录。美国的失业率高达 24.9%，德国为 26.3%，英国 21.3%。

大危机的蔓延造成了世界农业危机，涉及粮食种植业、畜牧业、林业等技术作业部门，造成生产的大破坏，农民收入大幅度减少，大量农民破产。在大危机的打击下，资本主义各国的国民收入大幅度下降，人民生活严重恶化。

伴随着资本世界的经济大危机，整个西方世界出现了社会大动荡，法西斯主义思潮泛滥，社会主义运动兴起，大规模的反饥饿运动和工人罢工运动高涨，各国面临严重的政治危机。

这次大危机的明显特点是持续时间长、危害程度深、渗透各个领域，涉及全世界，影响深远。在大危机的谷底过后并未出现繁荣，而是持续萧条，到 1937 年又发生了短暂的经济危机。由于第二次世界大战的爆发，各国的经济才逐渐好转。

这次大危机是资本主义社会的周期性生产过剩危机。在某种意义上，这次大危机是第一次世界大战前后，资本主义世界潜在的经济问题和自由放任政策恶性发展相结合的产物。

20 世纪 30 年代经济大危机使得传统的自由放任的庸俗经济学发生危机，也使人们对现代资本主义发生信任危机。资产阶级为了摆脱危机，维护本国的统治，分别走上了不同的道路。美国实行罗斯福新政，在资本主义民主的范围内，强化国家对资本的干预；德、意、日则疯狂对外侵略扩张，最终导致了第二次世界大战的爆发。

# “圣雄”甘地

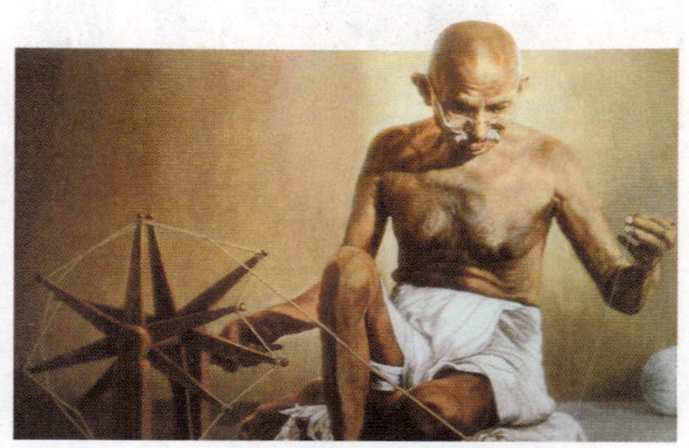

**甘地在“非暴力不合作运动”中纺线的情形**

甘地回国后，受到印度民族资产阶级的热烈欢迎，被称为“圣雄甘地”。他的非暴力主张，也深得资产阶级和国大党稳健派的支持。甘地后来成为国大党的领袖。

印度的民族解放运动是由印度民族资产阶级的政党——国大党领导的。国大党全称为“国民大会党”，领导人是莫汉达斯·卡拉姆昌德·甘地。甘地出身于印度一个土邦大臣家庭，7岁时，全家迁往拉吉科特，他便在当地读小学，12岁进入拉吉科特的阿弗列德中学。13岁时，根据印度教习俗，甘地与卡斯特巴尔结婚。1887年，甘地考取萨玛达斯学院，但因种种原因，在一学期后退学。1889年9月，他去英国留学，攻读法律。在英国期间，他读了大量的宗教书籍，这对他日后的非暴力思想的形成产生了很大影响。1891年，甘地考取了律师资格，学成归国。

1893年，甘地因为办案到了南非并在那里定居，他的非暴力抵抗思想就是在那里发展起来并得到了实践。甘地看到印度侨民在南非受到了种种不公正的待遇，就组织了一个印侨团体“纳塔尔印

1930 年 3 月，甘地率 78 名信徒开始“食盐进军”，揭开了第二次“非暴力不合作运动”的序幕。

度人大会”，以非暴力的方式为印度侨民争取平等待遇，产生了很大影响，迫使南非政府废除了针对印侨的人头税，并承认印度的合法婚姻在南非有效。

1914 年，在南非生活了 21 年的甘地携夫人回国。第一次世界大战爆发后，他在伦敦召集印度侨民组成志愿救护队，后来又在印度为英国招募士兵，希望以此感化英国，换取印度的自治。然而，第一次世界大战结束后，英国非但没有满足印度人民的自治要求，反而颁布了压制印度民族解放运动的《罗拉特法案》。甘地马上组织起非暴力运动，号召全国总罢工，要求印度人民绝食和祈祷，以示抗议。1919 年，甘地第一次提出了针对英国政府的“非暴力不合作”主张，主要内容是印度人抵制英国殖民政府的学校、法庭、立法机关，抵制英国货和不接受英方委任的国家职务。

1919 年 4 月 6 日，国大党根据甘地的建议，决定举行全国总罢工，和平抵制《罗拉特法案》。在印度全国人民反英斗争的推动下，为了将斗争推上非暴力的轨道，1920 年 12 月，国大党在那格普尔召开年会，通过了甘地拟定的“非暴力不合作计划”。

国大党的“非暴力不合作计划”得到了各阶层人民的广泛响应，非暴力不合作运动在印度各地轰轰烈烈地开展起来。1921 年，群众运动达到了高潮，工人运动与农民运动相结合，各教派的教徒并肩战斗。在斗争过程中，许多地方的群众冲破了国大党非暴力的限制，袭击并烧毁了警察所，烧死了警察，结果遭到殖民当局的残酷报复。暴力事件发生后，甘地认为这是自己的最惨痛的

### ·素食主义·

甘地的家族信奉印度教中的毗湿奴教派，这一教派奉行仁爱、不杀生与素食。甘地的母亲是个虔诚的印度教徒，在家庭的影响下，甘地从小就是个素食主义者，中学的时候在“革新”潮流的影响下，他曾瞒着父母成了食肉者，后来他在英国宁可忍饥挨饿也不再吃肉了。坚持食素不仅是他与过世的母亲联系的纽带，同时也是出于道德方面的原因。在他的政治生涯中，他不断宣扬素食主义，到后来进一步发展成禁食主义，这都构成了甘地非暴力主义的重要因素。

留学英国的时候，甘地初次接触了英国的素食主义者，曾经加入伦敦的素食者协会，从伦理、健康等角度细致地了解了素食主义。从伦理学的角度上看，素食者认为，人之所以超越低等动物，并不在于人类以动物为食，而是在于人作为高级动物必须保护低级动物，两者之间是互助、平等的关系，他们还指出：“人们之所以饮食并不是为了享受而是为了生存。”从健康的角度出发，素食者指出，人本来是不需要烹调食物的，而是吃果子之类作为食物；人只能吃母乳，长出牙齿后开始吃硬食物；人类也不应该吃香料和酱料。而从经济的角度上看，素食无疑是最省钱的。

甘地成为真正的素食主义者的种子是在英国种下的，然而当时他主要还是从养生和经济的角度出发而食素的，真正从宗教精神上戒荤，还是到了南非之后。

耻辱。1922 年 2 月 12 日，国大党在巴多利召开紧急会议，决定停止非暴力不合作运动。第一次非暴力不合作运动至此宣告失败。

1929 ~ 1933 年的资本主义世界发生经济危机，印度经济也受到了冲击，工农业生产严重萎缩。而英国为了转嫁危机，加强了对印度的剥削，致使印度的民族矛盾再度激化，导致了民族解放运动的再次高涨。

在日益高涨的工农运动的推动下，国大党激进派代表贾瓦哈拉瓦·尼赫鲁积极主张争取印度独立，并于 1928 年当选为国大党主席。1929 年 12 月，国大党在拉合尔召开年会，通过了“争取印度完全独立”和“发动和平抵抗运动”的决议，并将 1930 年 1 月 26 日定为印度独立日。

1930 年 2 月，国大党授权甘地领导第二次非暴力不合作运动。这次运动是从甘地的“食盐进军”开始的。3 月 12 日，甘地率领 78 名信徒从阿麦达巴德出发，步行去往丹地海滨。甘地的行动得到了沿途广大群众的拥护和支持，抗英斗争迅速在全国开展起来。尽管甘地力图把运动限制在和平抵抗的范围内，但许多地方的斗争发展成了暴力行动。1930 年 4 月爆发了白沙瓦起义；5 月爆发了绍拉普尔起义。这两次起义虽然都遭到了血腥镇压，但却将第二次非暴力不合作运动推向了高潮。

甘地领导的两次非暴力不合作运动，唤起了印度人民的民族觉悟，沉重打击了英国的殖民统治，奠定了印度独立的基础。作为印度民族资产阶级的代表人物，甘地自始至终参与并领导了这两次运动，为印度民族独立运动做出了卓越贡献，被印度人民誉为“圣雄”和“国父”。